刑事法治若干问题研究

XING SHI FA ZHI RUO GAN WEN TI YAN JIU

龙腾云／著

法律出版社
LAW PRESS · CHINA

自　序

党的十八届三中全会提出，我国"全面深化改革的总目标是完善和发展中国特色社会主义制度，推进国家治理体系和治理能力现代化。"党的十九大报告指出，"全面依法治国是国家治理的一场深刻革命，必须坚持厉行法治，推进科学立法、严格执法、公正司法、全民守法。"当前，全面依法治国、推进国家治理体系和治理能力现代化已经成为党的重大方针政策。而刑事法律作为维护社会公平正义的最后一道防线，无疑发挥着至关重要的作用，也是推进国家治理体系和治理能力现代化的重要手段。近年来，笔者结合国家刑事法治热点问题，围绕"权力的有效规制"这一主题，进行了一些探索和尝试。

"权力"是法学和政治学研究的基本范畴。"权力"与"权利"不同，"权力"有公共性，而"权利"有私人性。权力的内涵十分广泛。比如有论者认为："权力(power)有狭义和广义之分。狭义的权力，也即本来意义的权力概念，指职位权力带来的强制性影响力。广义的权力，即权威，指影响他人或对他人施加控制的能力，包括职位权力带来的强制性影响力以及个人权力带来的非强制性影响力。"①还有论者认为，"权力的观点可归纳为：具有一定资格的人，为了自己或者自己利益集团的利益，通过一定的方式，制约或支配他人行为的能力或力量。其

① 施冬健：《领导学：全球视野与中国实践》，清华大学出版社2015年版，第78页。

本质是特定的力量制约关系，体现的是权力拥有者和权力相对方两个意志主体不平等的关系。"[①]笔者无意加入"权力"内涵的争论，而在说明本书的"权力"是取广义，既包括职位带来的强制性影响力，也包括权威性活动带来的非强制性影响力。前者如政治权力、立法权力、司法权力等，后者如学术权力等。

"权力"的最大特点就是容易被滥用。法国启蒙思想家孟德斯鸠曾经指出："一切有权力的人都容易滥用权力，这是万古不易的一条经验，有权力的人们使用权力一直到遇有界限的地方才休止。"[②]英国史学家阿克顿勋爵也有言："权力导致腐败，绝对的权力绝对导致腐败。"[③]因此，对权力的有效监督和规制十分必要。本书正是围绕这些问题开展了一系列研究。

本书共五章，分别从"渎职罪——滥用权力的规制"、"贿赂犯罪——腐化权力的规制"、"学术不端刑事治理——学术权力的规制"、"认罪认罚"实体法研究、刑事法治其他热点问题五个方面展开。这些成果，是本人十多年来科研活动的积累和总结，如实反映了我在学术道路上的成长轨迹，也反映了我对"权力有效规制"这一主题的浓厚兴趣。

渎职罪是亵渎公权力的典型行为，本书从渎职罪的概念、渎职罪的主体、渎职罪因果关系、渎职罪损失的认定四个方面进行了阐述。

贿赂犯罪是腐化公权力的典型行为，本书从利用影响力受贿、以"借"为名型受贿、斡旋受贿三个方面进行了阐述。

学术不端行为严重影响学术活动秩序、降低学术活动权威，本书从学术不端刑事治理的必要性、可行性、学术不端的表现形式，以及立法、司法完善等方面进行了论述。

① 熊建文：《当代中国社会公共权力的德性研究》，南京大学出版社 2013 年版，第 24 页。

② ［法］孟德斯鸠：《论法的精神》，张雁深译，北京商务印书馆 1987 年版，第 154 页。

③ ［英］阿克顿：《自由与权力》，侯健、落亚峰译，北京商务印书馆 2001 年版，第 342 页。

任何犯罪行为包括权力的滥用,一经发现都应由司法机关依法追责,这毋庸置疑。但司法权作为权力的一种,更应该受到有效的规制和监督。滥用权力的人作为犯罪嫌疑人和被告人,在刑事诉讼活动中的权利也应得到保障。"认罪认罚从宽"是近年来司法改革的最新探索和有益尝试。笔者在第四章专门对"认罪认罚从宽"的实体法含义以及立法、司法对策进行了分析阐述。

社会实践中,使用权力的活动繁多、不胜枚举,笔者在第五章中选取了五个问题,即高息揽储及其衍生行为、警察使用武器行为、死刑案件审理问题、"情况说明"证据能力问题、侦查决策的行为属性等问题进行了专题论述。

由于本书是我多年来学术成果的集合,在结构安排上可能存在不足之处。本书的学术观点,尚属一家之言,如有谬误,敬请读者批评指正。

目　　录

第一章　渎职罪若干问题研究

第一节　渎职罪犯罪概念研究

合理界定“渎职罪”概念，对于明确渎职罪的研究对象、揭示渎职罪的本质特征、指导渎职罪立法司法实践都具有极其重要的意义。

一、渎职罪外延的厘定

我国多数学者认为，应将渎职罪分为广义的渎职罪和狭义的渎职罪：广义的渎职罪，既包括《中华人民共和国刑法》（以下简称《刑法》）第九章所规定的渎职罪，又包括《刑法》第八章所规定的贪污贿赂罪以及《刑法》其他章节所规定的渎职性犯罪。狭义的渎职罪仅指《刑法》第九章所规定的渎职罪。[①] 渎职罪到底包括哪些犯罪，实际上是渎职罪概念的外延问题。

如果从“渎职”二字本意看，渎职罪既包括《刑法》第九章所规定的渎职罪，也应包括贪污贿赂这种亵渎、藐视国家职权的犯罪，还应包括非国家机关工作人员滥用职权、失职等行为，比如国有公司、企业、事业单位人员失职罪以及国有公司、企业、事业单位人员滥用职权罪、签订履行合同失职被骗罪等。但从我国

① 敬大力主编：《渎职罪》，中国人民公安大学出版社 2003 年版，第 1 页；韩耀元：《渎职罪的定罪与量刑》，人民法院出版社 2000 年版，第 1 页；吴在存主编：《渎职犯罪的法律适用》，人民法院出版社 2001 年版，第 1 页；张俊霞、郝守财主编：《渎职罪的理论与司法适用》，中国检察出版社 2002 年版，第 1 页；贾济东：《渎职罪构成研究》，知识产权出版社 2005 年版，第 22 页。

《刑法》规定看，1997年《刑法》将上述三类犯罪分别规定在“渎职罪”、“贪污贿赂罪”和“破坏社会主义市场经济秩序罪”三章中，是将三类犯罪区别对待的；此外，从刑事诉讼角度看，上述三类犯罪的侦查，分属人民检察院反渎职侵权部门、人民检察院反贪污贿赂部门和公安机关经济侦查部门管辖，也是区别对待的。由此可见，狭义的渎职罪概念更加符合现有的法律规定和司法实践。

本书的研究对象——“渎职罪”，仅仅指狭义的渎职罪，也即《刑法》第九章所规定的渎职罪。从《刑法》及其九个修正案、最高人民检察院《关于渎职侵权犯罪案件立案标准的规定》来看，截至2015年12月，渎职罪涉及的具体罪名有37个，即滥用职权类罪名9个，玩忽职守类罪名11个，徇私舞弊类罪名15个，泄露国家秘密类罪名2个。

二、渎职罪犯罪概念研究述评

狭义的“渎职罪”并不是一个具体罪名，而是《刑法》分则规定的类罪名，其涉及的具体犯罪依然较多。刑法、立法解释、司法解释都未曾对渎职罪的概念做明确规定或阐释。理论界关于渎职罪概念的表述也不统一，现总结如下。

第一种表述，渎职罪是指国家机关工作人员在履行职责或者行使职权过程中，滥用职权、玩忽职守、徇私舞弊，妨害国家机关的正常活动，致使公共财产、国家和人民利益遭受重大损失的行为。①

第二种表述，渎职罪是指国家机关工作人员利用职务上的便利或者徇私舞弊、滥用职权、玩忽职守，妨害国家机关公务的合法、公正、有效执行，损害国民对国家机关公务的客观、公正、有效执行的信赖，致使国家与人民利益遭受重大损

① 高铭暄、马克昌主编：《刑法学》（第5版），北京大学出版社2011年版，第642页；赵秉志、鲍遂献、曾粤兴等：《刑法学》，北京师范大学出版社2010年版，第897页；侯国云主编：《中国刑法学》，中国检察出版社2003年版，第159～160页。

失的行为。①

第三种表述,渎职罪是指国家机关工作人员在履行职务或者行使职权的过程中,滥用职权或者玩忽职守,妨害国家机关的正常管理活动,致使公共财产、国家与人民利益遭受重大损失或者情节严重的行为。②

第四种表述,渎职罪是指国家机关工作人员在公务活动中,违反职责义务,滥用职权、玩忽职守、徇私舞弊,妨害国家机关正常管理活动,致使公共财产、国家和人民利益,遭受重大损失的行为。③

第五种表述,渎职罪应当是指国家机关工作人员在公务活动中滥用职权、玩忽职守,妨害国家管理活动,致使公共财产或者国家与人民的利益遭受重大损失的行为。④

第六种表述,渎职罪是指国家机关工作人员滥用职权、玩忽职守、徇私舞弊或者利用职权侵犯公民人身权利、民主权利,妨害国家机关的正常活动,致使公民的人身权利、民主权利受到侵害,国家和人民利益造成重大损失或者国家机关信誉遭受严重损害的行为。⑤

上述六种表述的相同点,都认为渎职罪的主体原则上是国家机关工作人员,都认为渎职罪与"职务"、"职责"有一定关系,都将"重大损失"作为重要特征。但也有不同点。其一,是否明确指出本罪是在"公务活动"、在"履行职责"或"行使职权"过程中,表述不同。第一、三、四、五种表述都明确予以提出,第二、六种表述没有明确提及。其二,关于渎职罪的行为表现方式,表述不同。"滥用职权"、"玩忽职守"这两类行为,是所有观点在表述中都提到的;但第一种表述、第

① 张明楷:《刑法学》,法律出版社 2007 年版,第 892 页。

② 刘宪权:《中国刑法学》,上海人民出版社 2012 年版,第 379 页。

③ 贾宇主编,宣炳昭、杜发全副主编:《刑法学》(第 2 版),中国政法大学出版社 2011 年版,第 558 页。

④ 陈连福主编:《反渎职侵权实务问题研究》,中国检察出版社 2009 年版,第 4 页。

⑤ 张俊霞、郝守财主编:《渎职罪的理论与司法适用》,中国检察出版社 2002 年版,第 1 页。

四种表述还增加了“徇私舞弊”,第二种表述还增加了“徇私舞弊或利用职务上的便利”,第六种表述还增加了“利用职权侵犯公民人身权利、民主权利”。其三,对渎职罪侵犯的利益表述不尽相同。第一、三、四、六表述基本一致,即“妨害国家机关的正常活动”,第二种表述是妨害国家机关公务的正常执行及其信赖,第五种表述是妨碍国家管理活动。其四,危害结果的表述不同。六种表述都要求有“重大损失”;但第三种表述强调,没有造成重大损失,“情节严重”的也可构成;第六种表述强调,没有造成重大损失,“国家机关信誉遭受严重损害”,也可以构成本罪。

三、渎职罪犯罪概念的重新界定

笔者认为,犯罪概念的界定要把握三个原则:第一,要揭示犯罪的本质特征;第二,要符合刑法的规定;第三,要简明扼要。

依据上述原则,渎职罪的概念强调在“公务活动中”十分重要,这充分强调了渎职犯罪的本质特征,即本罪与公务、职责的关联性。尽管渎职犯罪概念所列举的渎职表现方式,比如“滥用职权”、“玩忽职守”,也能体现出本罪与公务、职责的关联性,但“徇私舞弊”等行为,却不必然与公务、职责相联系。这种行为,可以在公务活动中实施,也可以在非公务活动中实施。“公务活动中”与“履行职责或行使职权过程中”相比,意思一致,但“公务活动中”更加简洁明了。

在渎职罪的表现方式方面,笔者认为,“滥用职权、玩忽职守、徇私舞弊”的表述比较准确、全面。仅仅表述为“滥用职权、玩忽职守”是不够的,因为徇私舞弊这种行为与滥用职权、玩忽职守本质上是不同的概念,尽管公务活动中的徇私舞弊行为都会滥用职权或者玩忽职守,但公务活动中的徇私舞弊比单纯的“滥用职权”、“玩忽职守”危害更大。这在最高人民法院《关于印发〈全国法院审理经济犯罪案件工作座谈会纪要〉的通知》中得到了很好的印证:徇私舞弊型渎职犯罪的"徇私"应理解为徇个人私情、私利；国家机关工作人员为了本单位的利益，实施滥用职权、玩忽职守行为，构成犯罪的，依照《刑法》第397条第1款滥用职权罪、玩忽职守罪定罪处罚。而第二种表述中，把"利用职务的便利"与"滥用职权、玩忽职守、徇私舞弊"相并列，是不合适的，因为"利用职务的便利"本身并不是渎职行为方式；第六种表述增加了"利用职权侵犯公民人身权利、民主权利"，也不合适，这是"侵权类"犯罪，不在《刑法》第九章规定的狭义渎职罪之列。

渎职罪侵犯的利益方面，表述为"妨害国家机关的正常活动"更为简洁、准确。第二种表述，"妨害国家机关公务的合法、公正、有效执行，损害国民对国家机关公务的客观、公正、有效执行的信赖"，语言过于复杂。因为公务活动的合法、公正、有效执行，以及国民对公务活动的合法、公正、有效执行的信赖，已经是国家机关正常活动的应有之义。第五种表述"妨碍国家管理活动"，范围过大。依据我国宪法，我国的一切权力属于人民，人民通过人民代表大会行使管理国家的职权，通过人大授权后的行政机关、司法机关、军事机关具体执行国家管理职能。因此，国家管理活动主体不限国家机关，范围极其广泛。

在危害结果方面，尽管大部分渎职罪都要求"造成重大损失"，但有些犯罪，"情节严重"也可构成，比如故意泄露国家秘密罪，民事行政枉法裁判罪等。因此，"造成重大损失或情节严重的"表述，更加全面。

综上所述，笔者认为，渎职罪的概念应该界定为：国家机关工作人员在公务活动中，滥用职权、玩忽职守、徇私舞弊，妨害国家机关的正常活动，致使公共财产、国家和人民利益遭受重大损失或者情节严重的行为。

第二节　渎职罪犯罪主体研究

从刑法立法、司法解释来看,渎职罪犯罪主体包含的内容极其丰富,笔者逐一进行论述解析。

一、渎职罪犯罪主体的刑法规定概述

从1997年《刑法》第九章可以看出,其规定的37个渎职犯罪,原则上犯罪主体可以归纳为"国家机关工作人员",具体而言分为三大类。一是"泛国家机关工作人员",即只要是国家机关工作人员即可,没有特别要求是哪一类国家机关工作人员。这些犯罪包括9个,如滥用职权罪,玩忽职守罪,故意泄露国家秘密罪(有争议,后文详述)等。二是司法机关工作人员。这类犯罪包括8个,如徇私枉法罪,民事、行政枉法裁判罪,执行判决、裁定失职罪,执行判决、裁定滥用职权罪,枉法仲裁罪(有争议,后文详述)等。三是特定国家机关工作人员。这些"特定国家机关"主要包括:行政执法机关,公司、证券管理部门(有争议,后文详述),税务机关、林木采伐管理机关等,这类犯罪包括20个。

二、渎职罪犯罪主体的法律解释概述

《刑法》仅仅对"国家工作人员"进行了明确规定,但未明确规定"国家机关

工作人员”的内涵。这有赖于立法解释和司法解释进一步阐释。现归纳如下。

第一,对具有行政职责或管理职权的事业单位的工作人员依照法律从事公务时,以国家机关工作人员论的司法解释。比如,2000 年最高人检察院《〈关于中国证监会主体认定的请示〉的答复函》;2000 年最高人民检察院《关于镇财政所所长是否适用国家机关工作人员的批复》;2000 年最高人民检察院《关于对〈关于中国保险监督管理委员会主体认定的请示〉的答复》;2000 年最高人民检察院《关于属工人编制的乡(镇)工商所所长能否依照刑法第 397 条的规定追究刑事责任问题的批复》。

第二,在国家机关工作的无公务员编制的人员受国家机关委托从事公务以国家机关工作人员论的司法解释。比如,2000 年最高人民法院《关于未被公安机关正式录用人员、狱医能否构成失职致使在押人员脱逃罪主体问题的答复》;2000 年最高人民检察院《关于合同制民警能否成为玩忽职守罪主体问题的批复》;2001 年最高人民检察院《关于工人等非监管机关在编监管人员私放在押人员行为和失职致使在押人员脱逃行为适用法律问题的解释》等。

第三,关于非国家机关所设的具有国家机关性质的机构中从事公务的人员如何定性的问题的司法解释。比如,2001 年最高人民检察院《关于企业事业单位的公安机构改革过程中其工作人员能否构成渎职侵权犯罪主体问题的批复》。

第四,立法机关对渎职罪主体适用问题的解释。2002 年九届全国人大常委会通过的《〈中华人民共和国刑法〉第九章渎职罪主体适用问题的解释》。

第五,对“国家机关工作人员”内涵和外延的司法解释。2006 年最高人民检察院《关于渎职侵权犯罪案件立案标准的规定》(以下简称《立案标准》)的附则,对国家机关工作人员的概念和范围作出了明确的解释,使渎职罪主体范围更加明确。

第六，公司、企业、事业单位的工作人员能否构成渎职罪犯罪主体的司法解释。2012年最高人民法院、最高人民检察院《关于办理渎职刑事案件适用法律若干问题的解释(一)》第7条规定，依法或者受委托行使国家行政管理职权的公司、企业、事业单位的工作人员，在行使行政管理职权时滥用职权或者玩忽职守，构成犯罪的，应当依照立法解释的规定，适用渎职罪的规定追究刑事责任。

三、认定渎职罪犯罪主体的关键

认定渎职罪主体的关键，是正确理解"国家机关工作人员"的内涵。笔者认为，认定国家机关工作人员，不能简单看这一工作人员是否有公务员的身份，或者是否在国家机关工作，那种认为"国家机关工作人员必须具备特殊身份，例如干部身份等，不具有此类身份，就不是国家机关工作人员"的身份论或者血统论，无疑会缩小渎职犯罪的主体；同时，也不能简单地把"是否从事公务"当作认定渎职犯罪主体的唯一条件，尽管"从事公务"很好地反映了"国家机关工作人员"的本质特征，但忽略了从事公务的前提条件：即这一资格必须有合法来源，否则渎职犯罪的主体会有泛化的倾向，会混同于一般的"国家工作人员"。综合而言，在认定"国家机关工作人员"时，应该采用"身份与公务兼具说"，此种观点认为，从事公务是国家机关工作人员的本质特征，而从事公务活动又需要一定的资格身份，这种资格身份不仅指具有国家机关工作人员的身份，还应包括依法取得从事公务的一种资格。因此，在界定国家机关工作人员的范围时，应将"身份"和"公务"有机地结合起来，二者不可偏废。①

笔者认为，认定渎职罪犯罪主体的关键有三：一是要在有从事公务资格的单位工作；二是要有从事公务的职责；三是要有从事公务的活动。

第一，要在有从事公务资格的单位工作。

---

① 江礼华：《论国家工作人员范围的界定》，载《刑法问题与争鸣》，中国方正出版社1999年版。

资格是指参加某种工作或活动所应具备的先决条件或身份。就渎职罪主体而言，是指从事公务活动的先决条件或者身份。获得该资格的方式有三：在国家机关工作、在法律法规规定的有关组织中工作、在受国家机关委托的有关组织中工作，符合其一即可。

在国家机关工作，意指“在国家机关，包括在各级国家权力机关、行政机关、司法机关和军事机关中”工作，是否公务员编制、事业编制、工人编制、合同编制等不影响这一资格的获得。也就是说，国家机关整体获得了从事公务的权力，至于机关内部如何分配这些权力，（因公务员身份、事业编制身份获得？因委托获得？）在所不问。这是属工人编制的乡（镇）工商所所长、合同制民警、工人等非监管机关在编监管人员构成渎职罪司法解释的法理依据。

在法律法规规定的有关组织中工作是指“依照法律、法规规定行使国家职权的组织中”工作，也就是说，这种资格是法律法规整体赋予给“非国家机关组织的”，在这些具有国家管理职权的组织工作的人员，依据单位内部权力的分配，可以获得从事公务的资格。

在受国家机关委托的有关组织中工作是指“受国家机关委托代表国家行使职权的组织中”工作，也就是说，这种资格不是依据“国家机关”的当然身份获得，也不是法律法规授权获得，而是国家机关将职权整体委托给“非国家机关组织”，即委托给公司、企业、事业单位。从上面的论述可知，从事公务的资格首先是整体赋予给了单位或者组织，而不是赋予给了个人。另外，这种委托还得注意以下三点。“第一，必须是受国家机关委托，而不能是受国有公司、企业、事业单位的委托。这就不同于刑法第 93 条规定的依委托而以国家工作人员论处的情况。第二，必须经由合法程序委托，受委托组织符合法定条件。第三，委托的内容必须是国家行政管理职权，而不能是诸如立法权、司法权等其他权力。”①比

① 杜海洋：《渎职犯罪主体若干问题研究》，吉林大学 2013 年硕士学位论文。

如,2010 年最高人民法院、最高人民检察院《关于办理国家出资企业中职务犯罪案件具体应用法律若干问题的意见》指出,国家出资企业中的国家工作人员在公司、企业改制或者国有资产处置过程中严重不负责任或者滥用职权,致使国家利益遭受重大损失的,以国有公司、企业人员失职罪或者国有公司、企业人员滥用职权罪定罪处罚。这一规定的法理依据是,上述国家出资的企业并没有获得"行政管理职权","公司、企业改制或者国有资产处置"行为不属于行政管理。因此,国家出资企业中的国家工作人员不符合《刑法》第九章规定的渎职犯罪主体要求,不以渎职罪定罪处罚,只能以《刑法》第三章破坏社会主义市场经济秩序罪中的国有公司、企业人员失职罪或者国有公司、企业人员滥用职权罪定罪处罚。

第二,要有从事公务的职责。

有职责,即要有一定职权并肩负一定职责。在有公务权力的单位工作,仅仅获得了行使公务的前提条件,但不充分;能够行使公务,还必须在所承担的工作范围内拥有一定的行使国家管理、公共管理或社会管理职权。这是有公务权力的单位内部职责划分和权力分配问题,是工作单位与工作人员的内部关系问题。这种职责的划分或权力的分配,一般通过文件任命、委托合同、劳动合同等方式实现。

第三,要有从事公务的活动。

关于公务的含义,尽管 2003 年最高人民法院《关于印发〈全国法院审理经济犯罪案件工作座谈会纪要〉的通知》认为,从事公务是指代表国家机关、国有公司、企业、事业单位、人民团体等履行组织、领导、监督、管理等职责。公务主要表现为与职权相联系的公共事务以及监督、管理国有财产的职务活动。这一含义是针对审理经济犯罪的背景下做出的,内容比较宽泛。笔者认为,渎职罪主体所从事的公务,有其特殊性。与渎职罪主体相关的"从事公务",应当是指以职务名义从事国家管理、公共管理或社会管理等事务，即从事组织、领导、监督、管理国家事务、社会事务和公共事务活动的行为。它体现的是一种公权力，行使的是国家对社会的管理职能，包括对人、财、物的管理，对政治、经济、军事、文化教育等事务的管理，与国家利益、人民群众生命财产安全以及社会的发展和进步息息相关。与渎职罪犯罪主体相关的“公务”具有以下几个特征①：(1)管理性。这种管理，是从事组织、领导、监督、实施等管理性的职务活动，它处于管理主体的地位，不同于直接从事具体的物质的生产或社会服务性的劳务活动。(2)职能性。即“公务”是代表国家所进行的管理职能活动，是国家公共管理行为，与国家的各种职能机关和部门相联系，即对国家事务、社会事务和公共事务的管理。(3)资格性。即行为人必须具有从事公务的主体资格，其外在形式表现为以职务的名义行使国家公共管理的职权，履行国家公共管理的职责，而非以个人或本单位的名义行使权力。

四、特殊渎职罪犯罪主体的认定

第一，中国证监会、中国保监会、中国气象局等行使国家行政管理职权的事业单位主体认定问题。

行使国家行政管理职权的事业单位，主要指国务院直属事业单位中的一部分。这些单位不以营利或积累资本为直接目的，致力于为社会公众提供公共服务。虽然名称上可能带有“会”、“院”、“社”、“局”等各种字样，但其依照法律、法规的授权，代表国家行使国家行政管理职权。② 根据国务院《关于机构设置的通知》(国发〔2013〕14 号)的规定，一共有 13 个单位，如中国证监会、中国保监

① 郑鲁宁等：《关于渎职罪主体的立法建议》，载陈连福主编：《反渎职侵权实务问题研究》，中国检察出版社 2009 年版，第 146～147 页。

② 杜海洋：《渎职犯罪主体若干问题研究》，吉林大学 2013 年硕士学位论文。

会、中国银监会、中国气象局、中国地震局等。以中国证监会、中国保监会为例，严格来说二者不属于国家机关。但是，依据《中华人民共和国证券法》、《期货交易管理条例》等法律法规，中国证监会是国务院授权的法定监管部门，履行监督管理全国证券期货市场，维护证券期货市场秩序，保障其合法运行的职责；中国保监会也是国务院授权履行行政管理职能，依照法律、法规统一监督和管理保险市场的单位。因此，上述单位依据法律法规或者国家机关授权，获得了行使管理国家事务、社会事务和公共事务的资格，如果行为人在上述单位工作，有一定职责并行使公务，则符合渎职犯罪的主体要件。这也是2000年最高人民检察院《〈关于中国证监会主体认定的请示〉的答复函》以及2000年最高人民检察院《关于对〈关于中国保险监督管理委员会主体认定的请示〉的答复》的法理依据。

第二，依照法律、法规授权行使国家行政管理职权的行政性公司、企业的主体认定问题。①

上述主体主要是指国内的某些垄断性企业、公司，如中国电信总公司、国家烟草总公司、电力公司、邮政公司、航空公司等，依照相应的法律、法规行使行业内的行政管理权。例如，《中华人民共和国邮政法》第83条规定："邮政管理部门工作人员在监督管理工作中滥用职权、玩忽职守、徇私舞弊，构成犯罪的，依法追究刑事责任；尚不构成犯罪的，依法给予处分。"这里所指的犯罪当然是渎职犯罪。再如，为了实现国务院关于职能转变和机构改革的需要，落实政企分开的国家政策，中国铁路总公司于2013年成立，它实际上继承了原铁道部企业部分的职责。国务院《关于组建中国铁路总公司有关问题的批复》第3条规定："中国铁路总公司以铁路客货运输服务为主业，实行多元化经营。负责铁路运输统一调度指挥，负责国家铁路客货运输经营管理，承担国家规定的公益性运输，保证关系国计民生的重点运输和特运、专运、抢险救灾运输等任务……负责国家铁

① 杜海洋：《渎职犯罪主体若干问题研究》，吉林大学2013年硕士学位论文。

路运输安全,承担铁路安全生产主体责任。"从中可以看出,中国铁路总公司虽然为国有独资企业,但由于其承担了关乎国计民生的重大行政管理职能,理论上应当属于行政性公司。这类行政性公司、企业具有双重属性和角色,司法实践中对其判定不能一概而论。如果是作为平等的民事主体参与市场经济,例如从事购买办公用品、对外正常经营活动等行为时,则应视其为民法意义上的公司、企业;如果是代表国家机关行使国家行政管理职能时,则应视其为刑法意义上的国家机关。

第三,非国家机关工作人员应否成为泄露国家秘密犯罪的主体问题。

依据《刑法》第398条第2款的规定,非国家机关工作人员也可以构成故意泄露国家秘密罪、过失泄露国家秘密罪。从《刑法》第九章的体系安排看,这无疑使渎职罪的主体不再限于"国家机关工作人员",扩大了渎职罪的主体范围;从法理上来看,这与渎职犯罪的概念和本质特征也完全相悖。"渎职"应该是"亵渎公职"之意,如果行为人没有公职,何谈构成渎职犯罪呢?而且,依据《中华人民共和国刑事诉讼法》第18条以及最高人民检察院《关于人民检察院直接受理立案侦查案件范围的规定》、最高人民检察院《关于渎职侵权犯罪案件立案标准的规定》都表明,非国家机关工作人员故意泄露国家秘密、过失泄露国家秘密的,也由检察院直接立案侦查。这也与人民检察院的基本属性和职能相悖。因此,笔者认为,《刑法》第398条第2款应该单独规定为"非国家机关工作人员故意泄露国家秘密罪"、"非国家机关工作人员过失泄露国家秘密罪",并补充规定到妨害社会管理秩序罪一章;上述两罪,根据是否危害国家安全,分别由国家安全机关或者公安机关侦查。

第四,枉法仲裁罪的主体问题。

枉法仲裁罪的主体为依法承担仲裁职责的人员,根据《中华人民共和国仲裁法》的规定,依法承担仲裁职责的人员包括仲裁委员会的主任、副主任和委员,由法律、经济贸易专家和有实际工作经验的人员组成。仲裁委员会独立于行政机关,其自律性组织为仲裁协会,属于社团法人的性质,对仲裁委员会及其组成人员、仲裁员的违纪行为进行监督。由上可知,依法承担仲裁职责的人员不属于典型的国家机关工作人员范畴。但是,从渎职犯罪主体的三个本质:“获得资格”、“有职责”、“从事公务”来看,承担仲裁职责的人员完全符合上述要求。仲裁委员以及仲裁员的“公务”资格,来源于《中华人民共和国仲裁法》、《中华人民共和国企业劳动争议处理条例》等法律法规的规定;仲裁委员以及仲裁员的具体职责,由仲裁委员会章程以及聘书等载明;仲裁员的仲裁行为具有准司法性质,仲裁委员会对其组成人员、仲裁员的违纪行为进行的监督具有管理性质,符合“行使公务”的基本要义。由此可以认为,依法承担仲裁职责的人员纳入渎职罪主体具有法理基础。

第五,公证人员是否符合渎职罪的主体要求问题。

《中华人民共和国公证法》(以下简称《公证法》)第 6 条规定,公证机构是依法设立,不以营利为目的,依法独立行使公证职能、承担民事责任的证明机构。《公证法》并没有明确规定公证机构的性质。从我国公证机构发展的脉络看,1993 年公证体制改革之前,公证机构的性质一直是国家行政机关,公证机构定位于这种性质是与当时高度集中的计划经济体制相适应的。随着我国的政治体制和经济体制改革的进行,公证机构性质的重新定位也在所难免。十四届三中全会后公证机构从司法行政机关剥离,这是公正机构的非行政性质并被定性为市场中介机构的根本原因。[①]《公证法》开始实施的 2006 年,我国的公证机构主要有三种性质,即行政机关、事业单位和合作制企业组织。从《公证法》要求公证机关“不以营利为目的”来看,公证机构是不能以企业的形式存在的。2007

① 宋德功、方卫华、李成:《公证机构的性质定位与政策建议》,载《山西省政法管理干部学院学报》2006 年第 1 期。

年,司法部提交给国务院的《深化公证工作改革的方案》得到了审批通过,该方案明确指出所有的公证单位必须向事业制机构方向转变。

此前,一些公证员作虚假公证的,一般以滥用职权罪或者玩忽职守罪定罪处罚,这与公证机构最初国家行政机关的基本性质是相符的。但是,随着公证机构的改革,公证机构向中介组织转变的趋势愈加明显。2009 年最高人民检察院《关于公证员出具公证书有重大失实行为如何适用法律问题的批复》,《中华人民共和国公证法》施行以后,公证员在履行公证职责过程中,严重不负责任,出具的公证书有重大失实,造成严重后果的,依照《刑法》第 229 条第 3 款的规定,以出具证明文件重大失实罪追究刑事责任。以此推断,如果公证员履行公证职责过程中,故意出具虚假的公证书,则应以提供虚假证明文件罪定罪处罚。因此,公证员不属于国家机关工作人员,不能成为渎职罪的犯罪主体。

第三节 渎职罪因果关系研究

现行法律对什么是刑法上的因果关系、如何认定刑法上的因果关系,没有明确规定。但刑法上的因果关系,又是刑法认定犯罪是否成立必须要考虑的因素。目前,笔者只能借鉴法学理论和司法实践经验来认定刑法上的因果关系。

一、认定渎职罪因果关系的难点

结合渎职犯罪的特点,笔者认为,认定渎职犯罪因果关系困难有三。

(一)渎职犯罪行为的法律性强

要想确定渎职行为与结果的关系,首先要找出“渎职行为”是什么。而渎职犯罪都是法定犯,它不像自然犯那样,行为的违法性判断依据人们千百年来的道德观念、伦理标准即可做出,而需要先清晰地了解行为人的法定职责。我们知道,渎职犯罪涉及很多公共部门和领域,比如公、检、法、工商、税务、土地、规划、城建、安监、质监、商检、林业、教育、卫生防疫、金融等,这些领域都有各自的行业规定和管理法规,这给非专业人士认定行为人的行为是否渎职带来了很大困扰。

(二)渎职犯罪因果联系判断的专业性强

如前所述,渎职犯罪涉及的部门和领域广,某些陌生领域发生的渎职行为对结果是否具有原因力以及原因力大小，首先要做事实判断。如果得出了肯定的结论，才能进一步判断其是否是刑法上的因果关系。而渎职犯罪中，事实上的因果关系判断，多数情况下需要借助专业人士的经验或者专业机构的鉴定，一般人很难把握。

（三）传统因果关系理论的可操作性差

因果关系理论的可操作性差，是传统刑法因果关系研究的一大弊端。纵观因果关系研究的历史脉络，大陆法系因果关系理论经历了条件说、原因说、相当因果关系说、客观归责理论等，我国的理论经历了条件与原因之区分、必然因果关系与偶然因果关系①之区分等。但在司法实践中，尤其是遇到复杂因果关系时，这些理论也很难解决问题。出现上述局面的症结有二：一是传统因果关系理论本身具有模糊性、可操作性差。比如，相当因果关系说主张，根据社会一般人生活上的经验，在通常情况下，某种行为产生某种结果被认为是相当的场合，就认为该行为与该结果具有因果关系，也即行为产生该结果是通例而非异常的就具有"相当性"。然而，什么是"通例"，什么是"非异常"的，什么是"相当的场合"，仍然不具有可操作性。二是传统因果关系理论与刑法规范结合的不够。这就导致刑法规范与因果关系理论之间出现了游离，使我们在用因果关系理论解决定罪问题时无所适从。

上述困难，需要法律工作者确定渎职犯罪因果关系时付出更多精力，提前研究、学习行业规则和法律；必要的时候，需及时向行业的专业人士求助和或者申请专门机构进行鉴定；此外，还有非常重要的一点，就是需要对刑法因果关系理论进行创新，使之有更多的可操作性。解决这一问题的基本思路是：与刑法规范

① 必然因果关系是指危害行为与危害结果之间内在的、必然的、合乎规律地引起和被引起的联系；偶然因果关系是指某行为本身并不包含产生某种结果的内在必然性，但在行为的发展过程中，由于偶然地同另一个因果关系发展过程相交错，而由后来介入的这一原因合乎规律地引起了某种危害结果，前一行为与最后的危害结果之间存在的因果关系。

相结合来研究刑法上的因果关系。

二、与刑法规范相结合研究刑法因果关系的可行性

第一,研究刑法因果关系之目的,是定罪或者归责,而定罪或者归责,不能离开规范。刑法上的因果关系与哲学上的因果关系研究目的不同,研究方法也不应该完全相同。“哲学中因果关系研究的目的在于发现事物之间存在的因果规律,以便人类运用这些因果规律在改造自然、改造社会的过程中获得更大的自由,哲学因果关系研究方法上更为注重抽象的理性思辨……刑法因果关系更注重在具体案件中,当某一特定危害结果发生时,到底有哪些人的行为或事件对结果的发生起了作用,起了多大的作用,行为人应该承担什么样的责任等。”①因此,研究目的不同,选择的研究方向当然不同。否则,就会出现南辕北辙,不能解决根本问题。既然研究刑法上的因果关系是为了定罪或者追责,那么结合刑法规范来研究刑法因果关系就是应有之义。

第二,刑法因果关系,不仅仅是事实判断,还是法律判断。刑法因果关系的法律性,是我们研究刑法因果关系时要与刑法规范相结合的理论基础。哲学上的因果关系是指,行为与结果之间决定与被决定、引起与被引起的关系。但刑法上的因果关系,除了考虑事实上的因果关系外,还要考虑法律上的因果关系。也就是说,刑法上的因果关系,既是一种事实判断,也是一种价值判断。如果不进行法律判断或者价值判断,可能会将一些不是刑法所评价的因果关系纳入刑法因果关系。正如陈兴良教授所言,“对于刑法中的因果关系,仅仅当作一个事实问题来把握难以完成因果关系在犯罪构成中所担当的使命。在事实因果关系的基础上,还应当从刑法角度加以考察,使之真正成为客观归责的根据。”②既然刑

① 储槐植、汪永乐:《刑法因果关系研究》,载《中国法学》2001 年第 2 期。

② 陈兴良:《刑法因果关系研究》,载《现代法学》1999 年第 5 期。

法因果关系既是事实判断,又是法律判断,我们就不能仅仅考虑"条件说"与"原因说"之区别、"必然因果关系"与"偶然因果关系"的问题、"直接因果关系"与"间接因果关系"问题、"外因"与"内因"的问题等,还要考虑规范因素对因果关系的影响。

第三,传统因果关系理论研究成果为构建新的刑法因果关系认定模式奠定了基础。尽管传统因果关系理论的研究视角有偏颇,但研究成果并非一无是处。哲学是使人智慧的基础学科,哲学上的因果关系理论是我们认定刑法因果关系新模式的基础。比如,直接因果关系、必然因果关系的基本原理,在认定不太复杂的刑法因果关系时,仍然可以很好地解决问题。但是,涉及间接因果关系、偶然因果关系的情况,可能就比较复杂。

在传统刑法因果关系研究领域,一般认为间接因果关系也可以是刑法上的因果关系,很多司法案例和研究成果都可以证明这一点。[①] 但是,由于在间接因果关系中,行为没有直接引起结果,而是行为(前因)引起了一个中间环节(前果),后来由这个中间环节又引起了危害结果的发生,或者前一行为并不必然导致危害结果的发生,而是介入了第三种因素或者行为,由第三种因素或者行为导致了危害结果的发生。因此,前因与危害后果的间接性、偶然性,导致我们在认定前因对危害后果原因力大小时,存在诸多困难。

如果是间接的、偶然的因果关系,认定上就会更加困难。如某省反渎职侵权局曾经参与侦办的案件:某省卫生厅副厅级干部赵某滥用职权,违法为某公司办理《食品卫生许可证》,后来该公司大量非法生产有毒有害保健食品,并销售到全国各地,致使公共财产,国家、人民利益造成特别重大损失。经公诉后,该省某

① 李怀景、张国卫:《间接因果关系可以成为负刑事责任的客观基础》,载《法学杂志》1997 年第 1 期;李凤琴、王子悦:《玩忽职守案中间接因果关系的定罪意义》,载《中国检察官》2011 年第 18 期;许彬:《间接因果关系也构成渎职罪》,载《江苏法制报》2007 年 10 月 22 日,第 6 版。

市人民法院判处赵某滥用职权罪①。本案中,赵某滥用职权为公司办理《食品卫生许可证》,并不必然导致该公司大量生产有毒有害保健食品。但是,违规为公司办理《食品卫生许可证》,客观上放松了对公司的首道监管,为公司后续违法经营埋下了隐患。该公司生产有毒有害食品,公司管理层违规经营是直接原因,赵某违规为公司办理许可证是偶然原因、间接原因。间接的偶然因果关系也是刑法上的因果关系。本案最终认定赵某滥用职权罪成立,就是以间接的偶然因果关系来认定的。

我们可以尝试与规范相结合来研究间接因果关系、偶然因果关系,判定前因导致后果的可能性大小。

三、渎职犯罪因果关系认定模式的构建

在刑法因果关系研究与规范相结合方面,吉林大学李韧夫教授、陆凌博士进行了基础性研究,对于我们确定渎职犯罪因果关系模式具有重要启发意义。他们认为②:对于刑法因果关系之认定,不可能存在一个"放之四海而皆准"的标准,但构建一个合理的解释框架是可能的,也是必要的。进而认为我国刑法因果关系认定应遵循以下进路:第一,以规范为指向,注意刑法规范通常用语,如"引起"、"致人"、"足以"、"致使"等词汇的惯用表述方式,阐述的因果关系可能是不一样的;第二,依据犯罪构成将刑法因果关系大致划分为基本构成的因果关系、结果加重犯的因果关系、情节加重犯的因果关系予以认定;第三,综合分析犯罪各个构成要素以及其他因素对因果关系认定的影响,并将之全面具体地考量于因果关系认定过程中,这些因素包括行为、结果、犯罪客体、主观要素、刑法基

① 韩景玮、张培培:《河南省卫生厅一官员滥发食品卫生许可证获刑16年》,载http://news.hnr.cn/snxw/201505/t20150525_1989009.html,最后访问日期:2015年5月25日。

② 李韧夫、陆凌:《刑法因果关系认定模式研究》,载《吉林大学社会科学学报》2011年第5期。

本原则及刑事政策等。尽管笔者在某些具体问题上与李韧夫教授、陆凌博士的观点并不相同，但他们思考问题的角度和论述方式却值得借鉴。

笔者认为，认定刑法上的因果关系，可遵循以下进路：第一，借助传统刑法因果关系理论初步判断；第二，与规范相结合，看是危险犯还是结果犯，进行再判断；第三，综合考虑犯罪的各种因素，与规范结合总体考虑，作出最后判断。

（一）借助传统因果关系理论初步判断

利用条件说，采用“but-for”标准（如果没有A就没有B，则A就是B发生的原因），对所有行为作出筛选，找出事实原因。判断上述事实原因与危害结果之间是直接因果关系还是间接因果关系，是必然因果关系还是偶然因果关系。

是直接因果关系且是必然因果关系的，属于比较好认定的情形，可直接作出判断。比如某法院审判员王某在民事审判中枉法裁判，判定李某偿还不存在的虚假债务100万元，则王某枉法裁判的行为与李某100万元的经济损失之间，明显看出是直接的、必然的因果关系，当然是刑法上的因果关系。

是间接因果关系但又是必然因果关系的，这种情况一般发生在教唆犯的情况下，相对容易判断。由于教唆行为与危害结果之间介入了被教唆者的行为，因此教唆行为与危害结果是间接因果关系。又因为教唆行为与被教唆人是有意思联络的，因此教唆人和被教唆人从主观的意图到实施的行为都是紧密地结合在一起的，成了一个有机的整体，所以教唆行为与危害结果之间仍然是必然的因果关系。依据刑法总则共同犯罪原理和教唆犯的基本含义，判断这种因果关属于刑法上的因果关系并不困难。

是间接的、偶然因果关系时（以下简称偶然因果关系）①，则相对复杂，如果

① 依据直接因果关系、间接因果关系，必然因果关系、偶然因果关系的涵义和特点，一个行为与危害结果之间只能是“直接的、必然因果关系”、“间接的、必然因果关系”、“间接的、偶然因果关系”中的一种，不可能有“直接的、偶然因果关系”。也就是说，所有的偶然因果关系都是广义的间接因果关系，因此笔者将“间接的、偶然因果关系”，在下文直接简称为偶然因果关系。

不能作出明确判断,可以进行下一步。

(二)与规范相结合再判断

1. 属于行为犯情形

行为犯是指,只要实施刑法分则规定的犯罪构成要件的行为,而无须发生现实的危险或者实际损害结果,即可成立的犯罪。因此,偶然的因果关系对行为犯定罪没有意义,对量刑有意义。换句话说,渎职行为对危害结果的发生即便原因力非常非常弱,哪怕弱到零,也不影响定罪。比如,司法工作人员甲私放在押的犯罪嫌疑人乙,乙脱离监管后又实施了盗窃丙10万元的犯罪;甲的私放在押人员行为与丙被盗10万元的后果,是偶然因果关系;被盗10万元的后果,仅仅对量刑有影响,对定罪无影响。行为犯可以分为两类:

第一类是纯粹的行为犯,即这些犯罪成罪的法条表述完全不需要“足以发生危险”、“情节严重”或其他危害后果。在《刑法》第九章规定的37个渎职犯罪中,有8个是纯粹的行为犯:第399条第1款徇私枉法罪,第400条第1款私放在押人员罪,第401条徇私舞弊减刑、假释、暂予监外执行罪,第412条第1款商检徇私舞弊罪,第413条第1款动植物检疫徇私舞弊罪,第415条办理偷越国(边)境人员出入境证件罪和放行偷越国(边)境人员罪,第416条第2款阻碍解救被拐卖、绑架妇女儿童罪,第417条帮助犯罪分子逃避处罚罪。上述属于行为犯的渎职罪,法条对犯罪构成的表述都没有“致使……的”、“情节严重的”、“导致……的”、“造成严重后果的”、“后果严重的”等要求。

第二类是情节犯中的行为犯。情节犯是以“情节严重”、“情节恶劣”等作为成立要件的犯罪。渎职罪中的情节犯,其犯罪构成大多存在“情节严重的”这样的表述。从字面意思看,“情节”一词由“情”和“节”组成,“情”是指事物存在的空间位置和状态,“节”是指事物的时间和发展环节。因此,犯罪的时间、空间、手段、次数、对象等都是情节的表现形式。那么,犯罪过程中发生的结果和犯罪结束时发生的结果,是否也是情节的表现形式呢?答案是肯定的。这可以从我国的刑法、司法解释中得到验证。以放纵走私罪为例,《刑法》第 421 条规定:"海关工作人员徇私舞弊,放纵走私,情节严重的,处……"而《立案标准》规定,"放纵走私,涉嫌下列情形之一的,应予立案:1. 放纵走私犯罪的;2. 因放纵走私致使国家应收税额损失累计达 10 万元以上的;3. 放纵走私行为 3 起次以上的……"其中,"因放纵走私致使国家应收税额损失累计达 10 万元以上的",就是将犯罪危害结果作为"情节"看待。因此,某一渎职犯罪属于情节犯,它有可能是行为犯,也有可能是结果犯。属于情节犯的渎职犯罪有 11 个:第 398 条故意泄露国家秘密罪和过失泄露国家秘密罪,第 399 条民事、行政枉法裁判罪,第 399 条之一:枉法仲裁罪,第 402 条徇私舞弊不移交刑事案件罪,第 409 条传染病防治失职罪,第 410 条非法批准征收、征用、占用土地罪以及非法低价出让国有土地使用权罪,第 411 条放纵走私罪,第 414 条放纵制售伪劣商品犯罪行为罪,第 418 条招收公务员、学生徇私舞弊罪。

2. 属于危险犯情形

危险犯是指行为人实施的危害行为造成了危害结果足以发生的现实危险才成立的犯罪。危险犯在法律条文中的表述一般为"尚未造成……"、"足以……的"、"危及……"等。比如放火罪、决水罪、爆炸罪、投放危险物质罪、破坏交通设施罪、生产销售不符合卫生标准食品罪、暴力危及飞行安全罪等。在 37 个渎职犯罪中,目前没有危险犯。

尽管危险犯的成立,不要求造成实际损害。但这并不意味着,认定危险犯因果关系时可以不考虑实际损害。这是因为,实害结果是判断行为是否"足以导致危害结果发生"的重要参考,如果行为对实际损害的发生有极其强大的原因力,那么据此推断行为"足以发生危险"就顺理成章了!如果走向另一个极端,在遇到危险犯时,看到发生了实际损害,不加分析断然认定行为人的行为"足以导致危害结果发生”，这也不科学。假如行为与实际损害因果联系极其微弱，显然不能据此推出行为人的行为“足以导致危害结果发生”。综上所述，在危险犯中，行为与实害之间的偶然因果关系，对认定行为是否“足以导致危害结果发生的危险”，具有重要的参考价值。如果行为导致实害的发生具有一定的原因力，就可以推断行为有“足以导致危害结果发生的危险”；如果行为导致实害发生的原因力极其微弱，则应该否定“实害”在定罪上的参考价值。

3. 属于结果犯情形

结果犯，是指发生了实际危害结果才成立的犯罪。与行为犯的类别相似，结果犯也可分为纯粹的结果犯和情节犯中的结果犯。二者认定刑法因果关系的标准不同。

如前所述，在渎职犯罪中，有 8 种纯粹的行为犯，11 种情节犯（可以是行为犯也可以是结果犯）。除此之外，其他渎职犯罪都是纯粹的结果犯，共有 18 个，其犯罪构成在法律条文中的表述为：“致使公共财产、国家和人民利益遭受重大损失的”、“致使当事人或者其他人的利益遭受重大损失的”、“致使国家税收遭受重大损失的”、“致使国家利益遭受重大损失的”、“致使公私财产遭受重大损失或者造成人身伤亡的严重后果的”、“导致发生重大食品安全事故或者造成其他严重后果的”、“造成严重后果的”、“情节严重，致使森林遭受严重破坏的”、“造成珍贵文物损毁或者流失，后果严重的”。

情节犯中，“情节”的含义较广，包括多方面的因素。如果情节中，既有危害结果类的情节，也有犯罪时间、对象、手段、次数等其他情节。单纯考虑非结果类的情节，不足以定罪，单纯考虑结果类情节也不足以定罪的情况下，就应该综合考虑各种情节对能否定罪作出综合判断。这时，危害行为和作为情节的结果之间的原因力弱一些，也是可以的。

纯粹的结果犯，以及单纯以结果作为情节来定罪的情节犯，结果对犯罪的成立起着至关重要的作用。一般认为,这两种情况下,原因行为对结果的发生具有较强的原因力,才能认定二者属于刑法上的因果关系。

案例①:甲某系某市公安交通管理局支队事故处理民警,乙驾驶大货汽车交通肇事,致一人死亡,甲依据相关规定对乙的交通事故责任认定为主要责任,暂扣了驾驶证,并口头告知乙吊销其机动车驾驶证的行政处罚决定。乙被人民法院以交通肇事罪判处有期徒刑6个月缓刑1年后,甲没有履行吊销乙机动车驾驶证工作。同年,乙查询获知其驾驶证未被吊销,而显示其驾驶证为漏检状态,乙遂以丢失为名补领了驾驶证。后来,乙驾驶小型客车在该市再次发生交通事故致一人死亡,并被认定负主要责任,并被人民法院以交通肇事罪判处有期徒刑1年。问题是,甲的行为与乙第二次肇事结果有无刑法上的因果关系,如有,则乙涉嫌犯玩忽职守罪。

依据"but for"规则,如果甲某履行了相关职责作出了吊销乙某驾驶证的行政处罚决定(A),则车辆管理部门就会注销肇事司机乙某的驾驶证(B);如果车辆管理部门已注销肇事司机乙某的驾驶证(B),则乙某就不会用骗领的驾驶证驾车(C);乙某不用骗领的驾驶证来驾车(C),则被害人就不会被撞死亡(D)。可见,甲不履行法定职责行为、车辆管理部门未吊销乙驾驶执照的行为、乙骗领驾驶证驾车的行为,都是导致被害人撞死的事实原因。其中,甲某不履行法定职责行为致使车辆管理部门未注销肇事司机驾驶证之间属于直接因果关系、必然因果关系;甲某不履行法定职责与被害人死亡之间属于间接因果关系,而且是偶然因果关系。由于玩忽职守罪是纯粹的结果犯,只有原因力比较强的偶然因果关系,才属于刑法上的因果关系。因此,原因力的强弱,已经成为甲某是否构成玩忽职守罪的关键。上面的因果关系链条,可以简化为"A→B→C→D"。依据

① 李凤琴、王子悦:《玩忽职守案中间接因果关系的定罪意义》,载《中国检察官》2011年第18期。

传统因果关系理论,距离结果的近因,其原因力一般较强,而距离结果越远的原因,一般原因力较弱。上述因果关系链条说明,C是导致D结果的直接原因,原因力最大,A是最远端的原因,中间间隔了两个其他因素,原因力最弱。因此,笔者认为,甲某不履行法定职责行为与被害人撞死之间的因果关系,不宜认定为刑法上的因果关系,甲某的行为不构成玩忽职守罪。

假如,上述案例中,乙交通肇事致人死亡后,甲某不但没有依法作出注销驾驶证决定,也未暂扣乙的驾驶证,乙交通肇事后仍持有原来的驾驶证继续驾车,后又发生交通事故致人死亡。则甲不履行法定职责的行为与二次事故致人死亡间,虽然仍是间接的、偶然因果关系,但甲的玩忽职守行为与死亡结果之间,只介入了违规驾驶行为一个因素,这次玩忽职守与致人死亡结果之间,原因力相对较强,可以考虑是刑法上的因果关系,甲构成玩忽职守罪。又如,前文提到的反渎职侵权局曾经参与侦办的"河南省卫生厅副厅级干部赵某滥用职权、违法为某公司办理《食品卫生许可证》,致使该公司大量非法生产有毒有害保健食品,并销售到全国各地,致使公共财产,国家、人民利益造成特别重大损失"的案件,与此类似,赵某滥用职权办理《食品卫生许可证》与重大损失之间属于偶然因果关系,但原因力较强,属于刑法上的因果关系,构成滥用职权罪。

当然,如果采用上述方式,依然无法确定因果关系中原因力的强弱,我们可以采取下一步骤:综合考虑各种因素作最后判断。

4. 综合考虑各种因素作最后判断

如果在实践中,遇到复杂的因果关系,运用前面的方法仍然不能确定行为与结果间是否存在刑法上的因果关系,则可以综合考虑各种因素,比如行为因素、结果因素、主观因素以及刑法的基本原则和刑事政策的影响等,结合传统因果关系理论和刑法规范,作最后的判断。

(1)行为因素

第一,行为的性质。一般情况下,行为本身造成危害结果的概率大,则认定刑法因果关系所需要的原因力就可以小些。比如,行为人甲辱骂乙,乙情绪激动突发心脏病死亡;行为丙骂丁并用力推丁的肩膀,丁情绪激动突发心脏病死亡;行为人戊骂己并用力捶打己的胸部,己突发心脏病死亡。这三种行为性质是不同的,对引起心脏病发作的概率也不一样,“骂”、“骂并推肩膀”、“骂并捶胸部”,三个行为的性质越来越严重,引起心脏病发病的概率越来越大,因此认定构成刑法因果关系所需的原因力可以依次递减。第二,行为的违法性程度。行为违反法律的性质、违反法律的数量以及违反法律的次数等,都对刑法因果关系的认定有影响。“行为的违法程度越严重,被刑法关注的可能性越大,归责的必要性越大,而对因果联系的程度要求越弱,甚至不要求结果,如行为犯”。①

(2)结果因素

第一,考察结果的数量。一个行为造成多个结果的,行为对每个结果的原因力稍小一些,综合来看也可认定是刑法上的因果关系;如一个行为仅仅导致一个结果,则需要按正常情况对因果关系作出判断。第二,考察结果的危害程度。同一行为作用于某一对象,如果危害结果较小,可能不是刑法上的因果关系,但如果危害结果较大,则可能就是刑法上的因果关系。也就是说,危害结果越大,构成刑法因果关系的原因力可稍弱些;反之,原因力就要强一些。比如,导致人员伤亡的,原因力可以小一些;导致财产损失的,原因力要大一些。

(3)主观因素

尽管刑法上的因果关系是客观的,但作为价值判断的刑法因果关系是不能脱离主观的,行为人主观因素对因果关系的渗透不可避免。在一般情况下,行为人认识到危险发生的可能性越大,行为对结果发生的原因力就越强;反之,行为

① 李韧夫、陆凌:《刑法因果关系认定模式研究》,载《吉林大学社会科学学报》2011 年第 5 期。

对结果发生的原因力就越弱。比如,行为人 A 在火车站台上追打 B,将 B 用力推到站台下的铁路轨道上,B 被突然疾驰而来的火车撞死。这时,行为人 A 对火车的来临并不明知,则 A 的行为对 B 被撞死的结果原因力较弱,所以不成立杀人罪的因果关系;假如行为人 A 看到一列火车疾驰而来,趁机将仇人 B 推下站台的轨道上,B 被火车撞死,则 A 的行为对 B 被撞死的结果原因力非常强大,因此二者之间具有刑法上的因果关系,应该没有异议。

(4)刑法的基本原则和刑事政策

因果关系的法律判断,主要解决的是原因力大小问题。"在法律规定相对明确的情况下,刑法因果关系的认定依法律解释即可,而法律规定较为模糊时,刑法基本原则及刑事政策的辅助就显得尤为重要。实际上,刑法因果关系之认定就是解决能否公正地让行为人对其事实上引起的结果承担刑事责任的问题,认定的过程及结果需接受刑法基本原则及刑事政策的最终检验。"①因此,在认定刑法因果关系时,如果法律规定比较模糊,就要考虑罪责刑相适应原则、适用刑法人人平等原则以及国家对此类犯罪的刑事政策等。

假如,国内已有先例,依据偶然因果关系认定某些渎职行为可以构成渎职罪,而司法人员在办案中又遇到了与之类似的案例,法律在这些方面的规定又非常模糊,办案人员有自由裁量权的情况下,可以考虑司法的一致性,也认定此种情况具有刑法上的因果关系。又如,最高人民检察院《关于在检察工作中贯彻宽严相济刑事司法政策的若干意见》指出,要"依法严肃查处贪污贿赂、渎职侵权等国家工作人员职务犯罪……严肃查办党政领导干部的职务犯罪……放纵制售伪劣商品的职务犯罪,企业改制、征地拆迁、资源审批和社会保障等工作中侵害国家利益和人民群众切身利益的职务犯罪……"最高人民法院印发《关于贯彻宽严相济刑事政策的若干意见》的通知指出,"对于国家工作人员贪污贿赂、

① 李韧夫、陆凌:《刑法因果关系认定模式研究》,载《吉林大学社会科学学报》2011 年第 5 期。

滥用职权、失职渎职的严重犯罪,黑恶势力犯罪、重大安全责任事故、制售伪劣食品药品所涉及的国家工作人员职务犯罪……要依法从严惩处。”这种情况下,依据刑法基本原则和刑事政策综合做出判断,不仅不违背罪刑法定原则,反而更能体现法治的基本精神和公平、正义的价值理念。在此刑事政策下,如果法律规定非常模糊、司法人员有自由裁量权,认定渎职罪因果关系时,原因力相对弱一些也是可以的。

第四节　渎职罪"重大损失"的认定

在我国《刑法》规定的37个渎职犯罪中，共有14个罪明确规定以"重大损失"为犯罪成立的必备要件，即滥用职权罪，玩忽职守罪，执行判决、裁定失职罪，执行判决、裁定滥用职权罪，滥用管理公司、证券职权罪，徇私舞弊不征、少征税款罪，国家机关工作人员签订、履行合同失职被骗罪，商检失职罪，徇私舞弊发售发票、抵扣税款、出口退税罪，违法提供出口退税凭证罪，环境监管失职罪，非法批准征收、征用、占用土地罪，非法低价出让国有土地使用权罪，动植物检疫失职罪。"致使公共财产、国家和人民利益遭受重大损失"、"致使国家利益遭受重大损失"等，是对这类犯罪客观要件的一般表述。

结合2006年7月实施的《关于渎职侵权犯罪案件立案标准的有关规定》，笔者认为，所谓"重大损失"，是指渎职犯罪主体的渎职行为对公共财产、国家利益以及人民利益造成的达到一定危害程度的损失。如何认定渎职罪的"重大损失"，既是困扰司法实务界的难题，也是理论界争论不止的热点。

根据《刑法》的规定和有关司法解释，按照重大损失的不同表现形式，一般将渎职犯罪的重大损失分为两类：一类是按照损失的存在形态，分为物质损失和非物质损失；另一类是按照渎职行为与损失的因果关系，分为直接损失和间接损失。在物质类经济损失中，还有一种"直接经济损失"和"间接经济损失"的划分。上述三类损失，对于司法实践认定“重大损失”具有重要意义。

一、物质性损失和非物质性损失有关问题[①]

物质性损失是指以物质形态表现的、直观的、有形的损失结果。根据有关立法和司法解释，渎职罪中的物质性损失包括：(1)人身伤亡，即人员死亡或者伤害；(2)健康损害，即除了重伤、轻伤这些物理性伤害之外的对人们所造成的损害，如渎职行为导致传染病传播、流行，或者导致重大疫情发生、传播或者流行，或者导致发生重大环境污染事故，对公民的身心健康造成的严重损害；(3)财产损失，包括渎职行为造成的直接经济损失和间接经济损失。

非物质性损失是指以抽象的、无形的非物质形态表现出来的损失结果。根据有关立法和司法解释，渎职罪中的非物质性损失包括三类。第一类，严重损害国家声誉。包括国家的政治声誉、经济声誉和社会声誉等，一般发生在涉外工作或对外交往中。第二类，恶劣的社会影响。恶劣的社会影响一般是指国家机关工作人员的渎职行为，损害了公众对国家机关工作人员的公务活动客观公正的信赖，以致引发群众的对立情绪等。第三类，危害社会稳定、经济发展、国防安全、公共安全以及严重损害人民群众合法权益等。

二、直接损失和间接损失的有关问题

直接损失和间接损失，这是根据渎职犯罪行为与损失之间的关系不同而做的分类。直接损失是指渎职犯罪行为直接导致的损失，渎职行为与损失之间具有内在的直接的联系；间接损失是指渎职犯罪行为由于介入了其他因素所导致的损失，渎职行为与损失之间具有外在的间接联系。刑法中，介入渎职行为、间

① 李希慧：《滥用职权罪与玩忽职守罪的损失认定》，载《刑事法时评》(第4卷)，中国法制出版社2012年版，第149页。

接结果之间的因素主要有四:其一,介入被害人行为;其二,介入第三者行为;其三,介入自然力;其四,先后介入他人行为和自然力。①

例如,某县行政执法人员 A 负责对城镇建房的许可审批工作,在现场踏勘过程中不认真,对 B、C 在高压电线走廊内申请建造私房予以许可。某日,B 的儿子 D 在新建私房二楼平台钓鱼,因渔杆触及离房屋仅 2.75m 的 110kv 高压电线而被烧成重伤,造成经济损失 40 万元。钢筋工 E 在为 C 施工时,因所持钢筋碰到离楼房水平距离只有 0.32m 的 110kv 高压电线上,被高压电击伤,经抢救无效死亡,造成经济损失 7 万余元。本案中,A 的玩忽职守行为与 D 被烧伤、E 被电击致死的结果,是一种间接联系。②

在理解渎职犯罪的直接损失和间接损失时,我们应注意以下三点。第一,直接损失、间接损失与"直接经济损失"、"间接经济损失"的含义是不同的。两组概念相对比,直接损失和间接损失既包括物质性损失也包括非物质性损失,而经济损失仅仅是物质性损失的一种。因此,直接损失和间接损失比直接经济损失、间接经济损失的范围要广。第二,直接损失、间接损失是学理概念,刑法和立法解释、司法解释没有明确规定;而直接经济损失、间接经济损失是司法解释明确规定的,是法定的分类。根据 2005 年最高人民检察院《关于渎职侵权犯罪案件立案标准的规定》附则第(4)项,"直接经济损失",是指与行为有直接因果关系而造成的财产损毁、减少的实际价值;"间接经济损失",是指由直接经济损失引起和牵连的其他损失,包括失去的在正常情况下可以获得的利益和为恢复正常的管理活动或者挽回所造成的损失所支付的各种开支、费用等。第三,依据现有法律和司法解释,除了经济损失之外的损失,在定罪时一般不区分是直接损失还是间接损失。比如,根据 2005 年最高人民检察院《关于渎职侵权犯罪案件立案

① 高铭暄、马克昌主编:《刑法学》(上编),中国法制出版社 1999 年版,第 140 页。

② 贾济东:《渎职罪构成研究》(修订版),知识产权出版社 2007 年版,第 181 ~ 182 页。

标准的规定》,对民事、行政枉法裁判案,涉嫌"枉法裁判,致使当事人或者其近亲属自杀、自残造成重伤、死亡,或者精神失常的"应予以立案。上述损失属于非经济损失,一般不再明确区分是直接导致的还是间接导致的。而经济损失,在定罪过程中,除了滥用职权罪、玩忽职守罪(依据 2012 年最高人民法院、最高人民检察院《关于办理渎职刑事案件适用法律若干问题的解释(一)》)不用区别直接经济损失和间接经济损失外,其他渎职类犯罪是要区分直接经济损失还是间接经济损失的,二者的成罪标准是不同的。

三、直接经济损失、间接经济损失的有关问题

如前所述,间接经济损失与直接经济损失,成罪的数额标准是不一样的。而 2005 年最高人民检察院《关于渎职侵权犯罪案件立案标准的规定》仅仅对直接经济损失、间接经济损失的含义做出了说明,未规定直接经济损失、间接经济损失的认定标准。

(一)直接经济损失的认定

根据《关于渎职侵权犯罪案件立案标准的规定》,"直接经济损失"是指,与行为有直接因果关系而造成的财产损毁、减少的实际价值。所谓直接因果关系,就是危害行为同危害结果之间的直接、必然的联系。财产"毁损、减少"的具体形式应包括如下几种:一是实物形态和价值形态都不存在了。如防洪堤坝、桥梁一旦倒塌,其实物和价值形态同时不复存在。二是实物形态存在,价值形态不复存在。如一座新建楼房并鉴定为危楼,虽然实物形态存在,但已经丧失了使用价值。三是实物形态与价值形态减少,如国家粮库因保管不善,部分粮食发霉变质等。四是价值形态数量未减少,但所有权的权能受到某种侵害。如由于枉法裁

判，致使标的物所有权发生变更等。①

（二）间接经济损失的认定

2005年最高人民检察院《关于渎职侵权犯罪案件立案标准的规定》，“间接经济损失是指由直接经济损失引起和牵连的其他损失，包括失去的在正常情况下可以获得的利益和为恢复正常的管理活动或者挽回所造成的损失所支付的各种开支、费用等”，笔者认为，在认定渎职罪间接经济损失时，要注意以下四点。

第一，间接经济损失是由直接经济损失引起的。

“间接经济损失，是指由直接经济损失引起和牵连的其他损失……”这一表述存在这样的逻辑：渎职行为→直接经济损失→间接经济损失。这就说明，直接经济损失是认定间接经济损失的前提。也就是说，如果是非直接经济损失引起的损失，或者非经济损失引起的损失，都不是间接经济损失。

比如，甲县乙村二组村民刘某，在未办理任何手续的情况下，占用乙村集体土地修建设别墅。检察人员在调查该案时发现，该县国土监察大队副队长魏某、负责巡查的国土资源所人员朱某，发现刘某非法建房，却未依法上报，也未采取有效措施及时予以制止，导致刘某非法占地4826平方米，使公共财产遭受重大损失。公诉机关依法对魏某和朱某以玩忽职守罪立案查处，并委托评估机构对涉案土地进行评估。根据评估报告，刘某非法占用土地，逃避土地出让金261万元。②

在这一案例中，国土监察大队的职责是依法对土地违法使用行为进行查处，行为人不履行这种职责的后果是，乙村的集体土地改变了使用性质。这种玩忽职守行为直接造成的财产损毁、减少的实际价值，也即“直接经济损失”是什么

---

① 刘军、陈新建：《浅谈渎职犯罪中的直接和间接经济损失认定》，载http://www.jstaixing.jcy.gov.cn/show.asp?id=315，最后访问日期：2015年5月13日。

② 《土地渎职案件，经济损失如何计算？》，载《中国国土资源报》2015年9月2日，第7版。

呢？应该是被破坏土地所产出的农作物损失的价值，这要请专业机构根据被破坏土地原本种植的农作物类别、每亩年均产量、农作物损失的时间长短、恢复地力所需的时间、费用等综合因素做出鉴定。与这一直接经济损失损失所引起或者牵连的损失即“间接经济损失”是什么呢？应该是拆除非法建筑物、恢复土地原状所需费用。由此可见，在确定“间接经济损失”的时候，要紧紧围绕渎职犯罪行为所导致的“直接经济损失”进行；精准确定渎职犯罪的直接经济损失是正确认定间接经济损失的前提条件。假如县国土监察大队工作人员的玩忽职守行为，导致村民对县国土监察大队强烈不满，致使村民集体上访，造成了恶劣影响，为了维护社会稳定，县国土资源局付出了大量财力、物力，这么这些财力物力，是与恶劣社会影响这种“直接的、非物质损失”导致的、直接相关的，但由于不是“直接经济损失”引起的，因此也不属于渎职行为造成的间接经济损失。

第二，由渎职犯罪间接损失引起的或者与之有牵连的经济损失，不应认定为渎职犯罪的间接经济损失。

如果某些损失是间接损失，那么为了挽回这些损失所支付的各种开支、费用等，不能再认定为间接经济损失。也即，间接经济损失的认定不能无限循环下去、无穷尽的。即直接经济损失所直接导致的损失，只能是下一个阶位的，而不能是下一个阶位损失再引起的损失。比如，上述国家机关工作人员 A 不认真履行职责、玩忽职守，批准 C 将私房建设在高压电电线走廊内，C 的儿子 D 在违章建筑上钓鱼被高压线灼伤、E 在违章建筑上施工被高压线电击受伤后治疗无效而亡，D 灼伤、E 死亡本来已经是玩忽职守批准建房所造成的间接损失，这个间接损失又引起的损失即治疗 D 的伤所支出的费用、为了挽救 E 所支出的费用，就不宜再认定为渎职犯罪的间接经济损失了。

第三，正确理解“失去的在正常情况下可以获得的利益”。

其一，这一利益必须是由于渎职行为所导致失去的。以上述“违章建设别墅案的土地出让金案”为例，“土地出让金的形成涉及政府多项职权、诸多部门职责、中介机构权益和土地使用者的公平竞争，缺一不可。……形成出让金，还需政府和相关部门根据产业政策确定出让底价，再经招拍挂或协议程序与土地使用者竞价，竞价成功的交易额才是出让金。……综上，土地使用权出让金的形成区别于民事财产的核算；查处土地违法行为的职责，也不涉及供地职责和出让金形成。即便是没制止、没处罚的案件，也不宜直接核算土地出让金后追责。”①也就是说，土地出让金的有无、多少，并不是由国土监察部门决定的，所以谈不上是国土监察部门渎职行为导致出让金失去的。因此，本案中，刘某非法占有土体，逃避土地出让金261万元，不宜认定是国土监察工作人员渎职所造成的损失。

其二，要正确理解“正常情况下可以获得的利益”。“正常情况下”是指没有渎职行为存在的情况下；“可以”强调的是一种预期利益，是可期待的利益，而不是现实的利益。但是可期待的利益必须是明确的。比如，工商行政管理部门工作人员甲滥用职权，没收了一块乙以3万元购买并标有A货、已经与丙签订合同卖10万元的翡翠，结果甲在把玩时摔碎，则3万元是直接经济损失，7万元利润是间接经济损失。但如果乙以3万元购买，多个买家询价时出10万元、15万元都没有卖，此时发生了上述滥用职权行为并导致翡翠摔碎。这时，只能认定3万元是直接经济损失，不确定的利润不能认为是间接经济损失。另外，“获得……”当然是指通过合法途径获得。如果通过违法手段可以获得，当然不属于“正常情况下可以获得”。仍以上述违章建设别墅案为例，由于农村集体的耕地不能擅自用作建设用地，因此，261万元的出让金是违法的预期利益，不能认定为间接经济损失。法院最终认为②：检察机关指控造成土地出让金损失261

① 宋振榜：《农地渎职案件不能以地价论损失》，载《中国国土资源报》2015年9月2日，第7版。

② 宋振榜等：《土地渎职案件，经济损失如何计算？》，载《中国国土资源报》2015年9月2日，第7版。

万元没有法律依据,不予支持,是正确的。

第四,正确理解"为恢复正常的管理活动或者挽回所造成的损失所支付的各种开支、费用等"。

"恢复正常的管理活动",主要是针对直接经济损失中"财产的损毁"情形,即为了使财产恢复原状的管理活动;"为了挽回所造成的损失",是指为了挽回所造成的直接经济损失。"如因为环境监管失职致使企业未达标排放,造成大面积养殖鱼类死亡,为恢复养殖环境进行的治理所付出的费用即为间接损失;又如为挽回渎职行为带来的损失所支出的费用,如各项诉讼费用、鉴定费、资产评估费用、差旅费、律师代理费等,都应该作为间接损失的费用。"①

四、特殊经济损失的认定

(一)利息损失的认定

利息损失是直接经济损失还是间接经济损失,学界的观点并不统一。第一种观点认为,"利息"就是一种"在正常情况下可能获得的利益",因此,把利息作为"间接经济损失"来对待。② 第二种观点认为把利息视为"直接经济损失",如有人认为,"凡由于违章贷款损失而带来的利息损失,应视为直接损失。"③第三种观点认为,根据借贷是合法还是非法的以及利息发生的时间,具体问题具体分析。比如,合法借贷,立案前的利息损失属于直接经济损失,对立案后至判决前的利息损失视为"间接经济损失";非法借贷行为造成利息损失不应计算为经济损失。④

笔者认为,不能对利息不加分析,直接认定利息是"直接经济损失"或"间接经济损失",而应该对利息产生的原因进行分析后作出判断。

---

① 王杨:《论渎职犯罪"损失"之判定》,载《时代法学》2011 年第 6 期。

② 严红兵:《滥用职权玩忽职守案经济损失认定三题》,载《检察日报》2002 年 9 月 9 日。

③ 周其华、巩献田:《玩忽职守罪的立法与适用》,中国检察出版社 2000 年版,第 41 ~ 42 页。

④ 贾济东:《渎职罪"重大损失"结果的司法认定》,载《人民检察》2005 年第 2 期。

第一,渎职行为间接损失所产生的利息,不属于渎职罪中的"经济损失",不存在直接经济损失和间接经济损失的区分问题。由于利息是本身是一种孳息,是一种期待的利益而不是现实的利益,因此,它产生的原因不能再是"间接损失",否则,间接经济损失的认定将无限循环、无休止进行下去。比如,放纵走私应收的税额,它产生的利息不属于渎职罪经济损失。因为,从本质上讲,"应收税额"已经属于"正常情况下可以获得的利益"即间接损失,不能再无限循环下去。又如,由于国家机关工作人员的玩忽职守,许可他人的建筑建设在高压线走廊内,违章建筑的拆除费用应该属于间接经济损失,如果拆除行为距离玩忽职守罪立案有一段时间,那么拆除费用所能产生的利息,是不能再认定为间接经济损失的,否则将陷入间接经济损失的认定会无限循环、无休止地进行下去。

第二,非法原因导致的利息,不是渎职罪的"经济损失",也不再区分直接经济损失和间接经济损失。比如,非法借贷,由于非法借贷本身不受法律保护,其所能产生的利息当然也不受法律保护,既不属于直接经济损失也不属于间接经济损失。

第三,债权利息应该与"无法实现的债权"一样,都属于间接经济损失(下文论述),比如借贷利息,拆迁补偿款的利息等。这是因为,利息是债权的一部分,是不可分割的整体。

第四,利息产生的时间,不应该成为判断直接经济损失还是间接损失的标准。判断利息是直接经济损失还是间接损失,应该以利息自身的性质以及利息损失和行为之间的联系来确定,而不能以产生的时间确定。利息产生的时间,仅仅是损失认定的时间,而非区别何种损失的标准。那些认为立案是司法活动,立案后犯罪嫌疑人活动受到限制,对利息继续产生无法控制,此时产生的损失不宜计算在犯罪嫌疑人身上,又将立案前的利息损失认定为直接经济损失,立案后的损失认定为间接经济损失的观点[1],是错误的、自相矛盾的。最高人民法院、最高人民检察院《关于办理渎职刑事案件适用法律若干问题的解释(一)》(以下简称《解释(一)》)第8条规定,本解释规定的“经济损失”,是指渎职犯罪或者与渎职犯罪相关联的犯罪立案时已经实际造成的财产损失,包括为挽回渎职犯罪所造成损失而支付的各种开支、费用等。立案后至提起公诉前持续发生的经济损失,应一并计入渎职犯罪造成的经济损失。这一解释说明,经济损失作为立案的标准,应该以立案时发生的为准;审判时,要以立案前发生的和起公诉前持续发生的经济损失合并计算。据此,笔者认为,立案时,利息作为立案的标准,应该以立案时产生的数额计算;审判时,要将提起公诉前持续发生的利息计算在内。无论是何时产生的利息,只要能够认定为渎职罪的“经济损失”,在性质上都应该是间接经济损失。

(二)无法实现的债权

债务人经法定程序被宣告破产,债务人潜逃、去向不明,或者因行为人的责任超过诉讼时效等,这些由于渎职行为所导致的无法实现的债权,是直接经济损失还是间接经济损失呢?刑法没有明确规定。2006年最高人民检察院《关于渎职侵权犯罪案件立案标准的规定》附则以及2012年最高人民法院、最高人民检察院《关于办理渎职刑事案件适用法律若干问题的解释(一)》,虽然对此有所涉及,但《立案标准》表述为“可以认定为已经造成了经济损失”、《解释(一)》表述为“应当认定为渎职犯罪的经济损失”,至于是直接经济损失还是间接经济损失未有界定。笔者认为,依据《立案标准》间接经济损失的含义,将无法实现的债权理解为“失去的在正常情况下可以获得的利益”更加合适,这是一种可期待的利益,而不是现实已经存在的利益。因此,无法实现的债权应当属于间接经济损失。作为在债权文书中明确规定的利息,理应是债权的一部分,当然也属于间接经济损失。

① 贾济东:《渎职罪“重大损失”结果的司法认定》,载《人民检察》2005年第2期。

第二章　贿赂犯罪若干问题研究

第一节 论利用影响力受贿罪中的“影响力”

“影响力”的含义是理解利用影响力受贿罪的关键。为了更好地理解“影响力”,我们不能忽视《联合国反腐败公约》对本罪设立的影响。因此,在对中国刑法和公约对比的基础上,本文探讨了影响力的含义和分类,分析了行为人表现出的影响力强弱与行为定性的关系,以期待对刑事立法、司法有所帮助。

一、利用影响力受贿罪与《联合国反腐败公约》相关条款的关系

根据《中华人民共和国刑法修正案(七)》的规定,所谓利用影响力受贿罪,是指国家工作人员的近亲属或者其他与该国家工作人员关系密切的人,通过该国家工作人员职务上的行为,或者利用该国家工作人员职权或者地位形成的便利条件,通过其他国家工作人员职务上的行为,为请托人谋取不正当利益,索取请托人财物或者收受请托人财物的行为;或者离职的国家工作人员或者其近亲属以及其他与其关系密切的人,利用该离职的国家工作人员原职权或者地位形成的便利条件,为请托人谋取不正当利益,索取请托人财物或者收受请托人财物的行为。这一规定扩大了受贿类犯罪的主体,将与国家工作人员有一定关系的非国家工作人员也纳入了受贿类犯罪的主体,这不仅是国内经济和社会发展的

需要,也是与国际接轨的需要,具有很强的现实意义。

我国从《联合国反腐败公约》(以下简称《公约》)起草时起就一直积极参与,并于2003年12月10日签署了该公约,2005年10月27日正式批准了该公约。签署与批准就表明了我国对该公约所规定内容和机制措施的认可和赞同。该《公约》第15条规定了"贿赂本国公职人员"的行为,即"各缔约国均应当采取必要的立法措施和其他措施,将下列故意实施的行为规定为犯罪:一、直接或间接向公职人员许诺给予、提议给予或者实际给予该公职人员本人或者其他人员或实体不正当好处,以使该公职人员在执行公务时作为或者不作为;二、公职人员为其本人或者其他人员或实体直接或间接索取或者收受不正当好处,以作为其在执行公务时作为或者不作为的条件。"《公约》也对"影响力交易"行为进行了规制,具体内容是第18条"影响力交易",即"各缔约国均应当考虑采取必要的立法和其他措施,将下列故意实施的行为规定为犯罪:一、直接或间接向公职人员或者其他任何人员许诺给予、提议给予或者实际给予任何不正当好处,以使其滥用本人的实际影响力或者被认为具有的影响力,为该行为的造意人或者其他任何人从缔约国的行政部门或者公共机关获得不正当好处;二、公职人员或者其他任何人员为其本人或者他人直接或间接索取或者收受任何不正当好处,以作为该公职人员或者该其他人员滥用本人的实际影响力或者被认为具有的影响力,从缔约国的行政部门或者公共机关获得任何不正当好处的条件。"

将我国《刑法》贿赂方面的犯罪与上述《公约》第15条、第18条对比,会发现二者尽管在文字表述上略有差异,但实际上也有很多相似之处。有论者认为,我国《刑法》受贿方面的犯罪与《公约》规定的相关犯罪具有对应关系。该论者认为,我国《刑法》第385条第1款规定的一般受贿,与《公约》规定的公职人员利用"职务制约性影响力"进行作为或者不作为一致;我国《刑法》第388条规定的斡旋受贿,与《公约》规定的利用"职务非制约性影响力"相对应;我国《刑法》

第388条之一规定的利用影响力受贿,与《公约》规定的利用“非权力性影响力”相对应。①

笔者也认为我国《刑法》的受贿方面犯罪与《公约》之间有一定对应关系,但上述论者将公务人员利用“本人职权”的情况混同于利用“职务制约性影响力”似乎不妥,因为职权本身和职权影响力是不同的概念。因此,笔者认为,我国《刑法》第385条第1款规定的一般受贿,与《公约》第15条第2项规定的公职人员利用本人职权进行作为或者不作为一致;我国《刑法》第388条规定的斡旋受贿,与《公约》第18条第2项规定的公职人员利用滥用“职权性影响力”相对应;我国《刑法》第388条之一规定的利用影响力受贿,与《公约》第18条第2项规定的非公职人员利用“非职权性影响力”相对应。

二、“影响力”的界定和分类

(一)“影响力”的界定

尽管我国刑法中从来没有出现过“影响力”这样的字眼,但是最高人民法院、最高人民检察院《关于执行〈中华人民共和国刑法〉确定罪名的补充规定(四)》已经将《刑法》第388条之一的罪名界定为“利用影响力受贿罪”。该罪名的确定,应该说在一定程度上是对《公约》中“影响力交易罪”的借鉴。目前,无论是《刑法》还是《公约》都迫切需要对“影响力”进行清楚的界定,以利于进一步对与“影响力”有联系的犯罪进行深入研究。同时,罪名是对犯罪行为性质和特征的高度概括,对“影响力”的理解直接关系到“利用影响力受贿罪”犯罪构成的理解,可见,对“影响力”的界定无论是理论上还是实务上都具有十分重要的意义。

① 李翔:《论影响力受贿犯罪的司法认定——兼评刑法第338条之一》,载《刑法论丛》,法律出版社2009年版,第334~340页。

“影响”在汉语大辞典中的含义达十三种之多，其中与“利用影响力受贿罪”中的“影响”密切联系的有两种。一种解释为“呼应；策应”，比如《宋书·谢晦传》：“奸臣王弘等窃弄权威，兴造祸乱，遂与弟华内外影响，同恶相成，忌害忠贤，图希非望。”另一种解释是“起作用；施加作用”。[①] 将影响解释为“呼应、策应”，表明影响的主体和对象之间的联系非常紧密，二者之间意思联络的意图非常明显；将影响解释为“起作用、施加作用”，这种主体与对象之间的联系程度并不明显，可以是非常紧密的联系也可以是比较微弱的联系，只要这种联系起作用即可，作用大小在所不问。通过对比可发现，第一种含义的外延较第二种含义的外延窄，第一种情况在某种程度上可以看做是第二种情况的特列，也就是说，当彼此之间起作用的程度非常大时，就可以称为“呼应、策应”了。在下定义的时候，应尽量全面表达词语的含义，因此笔者借鉴后一种“影响”的含义，对影响力进行界定。笔者认为，影响力是指对他人的行为或者思想能够起一定促进或者改变作用的无形力量，影响力本质上是一种控制力。

（二）“影响力”的分类

1. 形式上的影响力与实质上的影响力

形式上的影响力是指，行为人利用语言、动作等外在形式宣示自己可以促进或者改变他人作为或者不作为的力量，这种力仅仅表现于外在的形式上，至于行为人实际上是否真正对他人具有影响以及影响的大小如何，在所不问。实质上的影响力是指，客观上行为人可以促进或者改变他人行为的制约力或者控制力，这种作用力实实在在地存在，但不一定需要向别人以某种形式宣示。形式上的影响力与实质的影响力之间是外壳和内核、形式和实质的关系。

《公约》并没有明确规定利用形式上的影响力是否符合影响力交易罪的构成要件，但是，许多大陆法系国家的刑法却有明确规定。比如，《匈牙利刑法典》

① 罗竹风主编：《汉语大辞典》（第3卷）（下册），汉语大辞典出版社2008年版，第1136页。

第256条规定:“任何人出于对公务员施加影响的目的,为自己或者代表他人索取或者收受非法利益的,构成重罪,处1至5年监禁”、“如果犯罪行为的实施具有下例情形之一的,处2至8年监禁:a)谎称或者假装其正在贿赂公务员的;b)谎称是公务员的;c)以商业化经营的方式实施本罪的。”①这里“谎称或假装其正在贿赂公务员”的行为,就是行为人具有形式上影响力的表现方式。而且该国将利用影响力受贿罪规定为一种目的犯,即只要行为人有对公务员施加影响的目的,即使行为人与该公务员不具有实质的影响力,也可以构成本罪。又如《波兰刑法典》第230条规定:“声称其对国家或者地方政府机关、国际或者国内组织、有权处分公共资金或者判决他人有罪或者证明该他人有罪的外国组织单位有影响力的任何人,在这些组织处理其事务的过程中实施调停行为,作为获得物质利益或者个人利益或者获得这种利益的许诺的交换条件的,处剥夺6个月至8年的自由。”②可见,《波兰刑法典》也规定只要行为人自己声称对公务员有影响力并实施了调停行为即可,并不要求行为人与公务员之间有实质的影响力。

尽管我国《刑法》也没有明确规定利用形式上的影响力是否构成利用影响力受贿罪,但是通过《刑法》第388条之一的规定,可以推断立法机关要求具有实质的影响力是构成本罪的前提。因为我国《刑法》规定,构成本罪的主体必须是“国家工作人员的近亲属或者其他与该国家工作人员关系密切的人”或者“离职的国家工作人员或者其近亲属以及其他与其关系密切的人”,这些主体决定了行为人当然对国家工作人员或者离职国家工作人员有影响力。这是由行为人与国家工作人员或者离职国家工作人员客观上的亲情关系或者所谓“密切关系”决定的。因此,笔者认为,根据目前中国的《刑法》,行为人具有实质的影响力是构成影响力受贿罪的前提条件。

① 《匈牙利刑法典》,陈志军译,中国人民公安大学出版社2008年版,第108页。
② 《波兰刑法典》,陈志军译,中国人民公安大学出版社2009年版,第87页。

那么形式上的影响力是否是构成影响力受贿罪的条件呢？实际上，实质的影响力是一种静止的存在状态，这一状态本身并没有违法或不违法之区别，只有行为人利用语言、行动等将这种影响力表现出来，并利用这种状态谋取私利，才会构成犯罪。因此，形式的影响力也是行为人构成利用影响力受贿的重要条件。

2. 职权性影响力与非职权性影响力

职权性影响力是指，基于行为人的职务而产生的制约力或控制力。这种力以行为人的职权为基础和依托，对他人产生一定的制约和影响。但是，职权性影响力又与职权本身有着本质区别，前者是以职务为依托并通过职权的影响来发挥作用，并非直接依靠职权本身，职权性影响力发生作用的对象和范围要比职权本身发生作用的对象和范围要广。这也是我国《刑法》规定的受贿罪与利用影响力受贿的重要区别；也是《公约》第 15 条“本国公职人员受贿罪”与第 18 条“影响力交易罪”的本质区别。

非职权性影响力，也称为自然性影响力，是指基于相互感召、相互信赖以及人格魅力等个人原因而产生的影响力，是一种不具有制约性的作用力。一般来说，非职权性影响力产生的因素主要有以下几种：(1)基于地位形成的影响力。这种地位是由于行为人的金钱、财富、名誉等产生的，如富人和名人比较容易影响公职人员。(2)基于才能形成的影响力。行为人如果具有某方面特别突出的专业才能，那么行为人就会对其周围的人产生一种影响力，这种一般具有公众的号召力，会对崇拜他的人产生一种吸引力。(3)基于感情所产生的影响力。主要表现为朋友、情人等影响公职人员的能力。(4)基于亲情产生的影响力。主要是指基于血缘关系和姻亲关系所形成的影响力。如子女影响父母、妻子影响丈夫等。(5)基于一定的地缘关系所产生的影响力，如同乡关系。(6)基于一定的事务关系所产生的影响力，同事关系就是其中的一个重要表现。此外，同学关系、师生关系等都可以归入此类。(7)基于从前的职权所形成的影响力。即离职的公职人员尤其是离职的领导干部，利用其在职时所形成的领导、同事关系所形成的影响力。[①] 上述(1)(2)两种因素是一般意义上的非职权影响力的产生的因素，也符合《公约》中"影响力"的特征，但却不是我国刑法意义上的"影响力"产生因素。因为我国刑法所称的"影响力"目前仅仅体现在罪名中，必须结合法条进行综合全面的考量，尤其是要结合利用影响力受贿罪的主体进行分析。如果行为人与国家工作人员没有一定的亲属关系，或者没有一定的亲密关系，也不是离职国家工作人员、其近亲属以及其他与其关系密切的人，则这些主体所具有的影响力不可能成为我国刑法意义上的"影响力"。因此，上述除(1)(2)之外的因素才是我国刑法意义上的"影响力"产生的因素。

职权性影响力在我国刑法主要体现在斡旋受贿中。首先，斡旋受贿要求斡旋人必须是国家工作人员，其应该具有一定的职权；其次，斡旋者的行为特征是"利用本人职权或者地位形成的便利条件"，通过其他国家工作人员的职权，为请托人谋取不正当好处。因此，斡旋受贿罪是行为人利用本人的职权影响力和他人的职权本身进行的一种犯罪行为。在《公约》中，职权性影响力体现在第18条"影响力交易罪"中，这一点与我国的受贿类犯罪体系安排并不相同。

需要说明的是，虽然职权性影响力只能体现在国家工作人员身上，但非职权性影响力并非仅能体现在非国家工作人员身上，国家工作人员有时候也可以利用非职权性影响力进行受贿活动。如果斡旋者利用的并非本人职权而是私人关系，通过他人的职权进行了犯罪行为，也可以构成利用影响力受贿罪。也就是说，斡旋受贿与利用影响力受贿的本质区别不是主体身份的区别，而是行为特征的区别。实际上，利用影响力受贿罪的主体既可以是非国家工作人员，也可能是国家工作人员，其犯罪主体是一般主体。

---

① 辛波：《影响力交易罪研究》，南昌大学2008年博士学位论文。

3. 直接影响力和间接影响力

根据物理学原理,力的作用是可以传递的,因此,可以直接对作用对象施加力也可以通过媒介施加;力的大小在传递过程中可能增强也可能减弱(如利用杠杆原理来调解力的作用效果),还可能保持原来的强度。尽管影响力与物理学上的力并不相同,但“力的传递”这种视角却可以借鉴。如果行为人通过对国家工作人员周围的人施加影响力,国家工作人员周围的人再将这种影响转达至国家工作人员,那么这种影响力是否是刑法上的“影响力”呢?这就涉及直接影响力和间接影响力在刑法中的作用效果问题。所谓直接影响力,是指可以直接促进或者改变作用对象(国家工作人员)作为或者不作为的力量;间接影响力是指,行为人只有通过一定媒介才能影响到作用对象(国家工作人员)的力。间接影响力在不同的刑法典中地位是不一样的。我国《刑法》明显不支持将利用间接影响力受贿的行为认定为“利用影响力受贿罪”,因为依据我国《刑法》,无论是哪种犯罪主体做为影响力的施加者,最后都必须通过“国家工作人员的职权”来实现不正当利益,才能构成利用影响力受贿罪。显而易见,间接影响力是通过影响中介人,中介人将这种力与自己的影响力结合,再影响国家工作人员,因此是不符合刑法规定的构成利用影响力受贿罪客观要件的。但是,《公约》中是承认间接影响力的,因为公约仅仅规定“滥用本人的实际影响力或者被认为具有的影响力”,并未对施加影响力的主体以及对象进行严格的限制;同样,《匈牙利刑法典》也未对施加影响力的主体和对象进行限制,仅规定只要行为人具有对公务人员施加不法影响的主观目的即可,表述为“任何人出于对公务员施加影响的目的……”因此,法律是否承认间接影响力,关键是看法律是否对影响力施加的主体和对象施加以限制。

三、“影响力”强弱与定罪

利用影响力受贿与共同受贿、斡旋受贿、诈骗等行为有着一定的联系,司法实践中很容易混淆。现以行为人实际上发挥出来的影响力强弱为切入点①,分析行贿人、影响力施加者与影响力施加对象即国家工作人员之间的关系,以期对上述犯罪的界限以及利用影响力受贿罪本身有较为清楚的认识。

(一)影响力最强的情形——影响力施加者是国家工作人员的策应人

职权本身与影响力之间虽然有着本质的区别,但质与量的互变规律决定了职权本身和影响力之间的界限并不明显。当影响力施加者对国家工作人员的促进或者改变作用大到一定程度时,影响力施加者已经不是影响职权而是直接利用职权。行为人表现出来的影响力极其强大从而使得这种影响发生质变的情况有两种:第一种是行为人与国家工作人员事先通谋,二者相互呼应,共同利用国家工作人员的职权进行受贿活动。行为人表面上是利用了自己的影响力,实际上是直接利用了国家工作人员的职权,因此应该构成受贿罪的共犯。第二种情况表现为,行为人向国家工作人员明确告知自己已经收受他人财物或将要收受他人财物,并向国家工作人员告知了请托事项,国家工作人员对此予以默认配合。这时候,行为人实际上已经不是利用自己的影响力来办理请托事项,而是与国家工作人员密切配合共同直接利用国家工作人员的职权来办理请托事项,因此也应该是受贿罪共犯。上述两种情形,影响力的施加者与国家工作人员的关系依靠两大因素维持,一个是财产性利益,另一个是两人之间的密切关系,因此行为人对国家工作人员的影响力最强。但是,笔者认为,在上述两种情形中,国家工作人员是否共同占有所收受的财物,并不影响共同受贿罪的成立,因为收受的财物是赃物的一种表现形式,按照刑法的基本理论,赃物的分配仅仅影响量刑

① 如果没有特别说明,下面的讨论都以行为人对国家工作人员有实质的影响力为前提,如果行为人根本没有实质的影响力,却妄称自己有影响力,则是一种诈骗行为,有可能构成诈骗罪,后文对此将有专述。

但不影响定性。①

(二)影响力较强的情形——影响力施加者仅向国家工作人员说明了请托事项

影响力施加者仅向国家工作人员说明了请托事项,至于行为人已经或者将要收受财物的情况,国家工作人员对此并不知情。此种情况,国家工作人员没有受到利益诱惑,影响力施加者对国家工作人员的影响依靠的是两者之间的密切关系。行为人仅仅是单方面利用了国家工作人员的职权谋取了自己的私利,如果国家工作人员为他人谋取不正当利益的行为构成了其他犯罪(如滥用职权罪),则影响力施加者与国家工作人员是片面共同正犯。由于我国刑法理论通说并不承认片面共同正犯②,因此,这一对关系人应该按照单独实行犯对待,分别对自己的行为负责。国家工作人员可能构成受贿罪、渎职罪等,影响力施加者构成利用影响力受贿罪。如果国家工作人员为他人谋取不正当利益的行为不构成任何犯罪,则国家工作人员是影响力施加者的犯罪工具,影响力施加者自己单独构成利用影响力受贿罪。

(三)影响力适中的情形——行为人对请托事项有具体承诺但没有实际行动

行为人声称自己对某国家工作人员有影响力,行为人对请托事项还做出了具体承诺,比如向行贿人说明打算对哪位国家工作人员施加影响,什么时间反馈

---

① 2007 年 7 月 8 日"两高"《关于办理受贿刑事案件适用法律若干问题的意见》第 7 条规定:"特定关系人与国家工作人员通谋,共同实施欠款行为的,对特定关系人以受贿罪的共犯论处。特定关系人以外的其他与国家工作人员通谋,由国家工作人员利用职务上的便利为请托人谋取利益,收受请托人财物后双方共同占有的,以受贿罪的共犯论处。"也有学者赞同这种观点,参见李翔:《论影响力受贿犯罪的司法认定——兼评刑法第 338 条之一》,载《刑法论丛》2009 年第 4 卷。笔者对此并不赞同。

② 马克昌:《共同犯罪理论中若干争议问题》,载《马克昌文集》,武汉大学出版社 2005 年版,第 110 ~ 111 页。

请托结果等，但行为人实际上并未采取任何游说、协调或者沟通行动。这种情况下，行为人有承诺也有实际的影响力，虽然行为人没有为请托事项进行游说、沟通和协调，但是该承诺本身就是利用自己影响力的一部分，同时也降低了了公民对国家职权的信赖，因此仍然可以构成利用影响力受贿罪。

但是，如果行为人事实上对某国家工作人员根本没有任何影响力，因此，行为人也就没有发挥影响力的基础和余地。比如，行为人明知自己对某国家工作人员没有影响力却谎称自己有影响力，或者谎称自己对某一虚构的国家工作人员有影响力或者谎称自己就是国家工作人员，索取、收受他人财物的，这种情况下，符合诈骗罪构成要件的应该定诈骗罪而不是利用影响力受贿罪。从影响力的角度看，诈骗罪与利用影响力受贿罪的关键区别在于，前者是行为人空有形式上的影响力但没有任何实质上的影响力，后者是既有形式上的影响力也有实质上的影响力。

（四）影响力较弱的情形——行为人对请托事项有概括承诺但没有实际行动

行贿人没有向行为人明确提出要求施加影响的目标人，行为人也并非国家工作人员的近亲属、或者离职国家工作人员，而且该行为人仅仅概括回应请托事项。比如，行为人仅表示对请托事项做出努力，至于施加影响的目标人是谁、反馈时间以及预期结果等，行为人均没有回应，行为人实际上也没有对请托事项进行游说、沟通或协调。这种情况下，行为人的影响力仅仅体现在行贿人和行为人之间，这种影响力仅仅是一种形式上的影响力，使行贿人对行为人能够完成请托事项虽有一定的心理预期，但这种预期的成功率由于行为人表现出来的概括回应也显得极为渺茫，因此，这种影响力虽然存在但十分微弱。如果行为人在此情况下已经收受了财物，则行为人可以构成利用影响力受贿罪，也可以因为情节显著轻微、危害不大，不构成犯罪。至于行为人在案发时还没有收受财物的情况，则应该不做犯罪处理。

但是，如果行为人是国家工作人员的近亲属或离职国家工作人员，即使行为人对请托事项仅仅做出的是概括承诺，由于该行为人与国家工作人员的血缘关系、亲缘关系或者原职务关系，陡然增加了行贿人的心理预期，由于行为人与国家工作人员这种客观存在的实质影响力巨大，因此，即使行为人低调的概括承诺，也足以给行贿人造成很大的心理预期，因此应该将这种概括承诺视为具体承诺，无论行为人是否收受财物，可直接按照上述第（三）种情况认定该行为是利用影响力受贿罪。

（五）影响力最弱的情形——行为人未对请托事项做任何承诺也未有实际行动，但行为人收受了他人财物

行为人未对请托事项做出任何承诺，有的行为人甚至对请托事项表示反对，但是行贿人坚决要求给予行为人财物，行为人收受财物后并未向国家工作人员进行请托和游说。这种情况下，行为人没有对国家工作人员施加影响力的主观意愿，客观上也没有任何游说活动，也没有向请托人显示自己的影响力，因此，行为人发挥出来的影响力十分微弱，此时行为人显示的影响力处于或有或无的临界点。收受了他人财物的，依据案件情况定性为赠予、临时保管或民事委托等；在认定为保管或者民事委托的情况下，如果请托人要求返还时，行为人不予返还的，可根据具体情况定为侵占罪。除此之外，行为人不应该构成任何犯罪。

四、结论

尽管我国《刑法》受贿类犯罪与《公约》的规定有一定的对应关系，但是在影响力的含义上，二者范围并不相同。《公约》规定的影响力范围十分宽泛，对施加影响力的主体没有特殊限制，可以是任何人；影响力的形式也不拘一格，可以利用“实际影响力或者被认为具有的影响力”，因此，实质的影响力和形式的影

响力均可。而我国刑法意义上的影响力,严格限制了施加影响力的主体和影响力施加的对象,因此范围比较狭窄。行为人展现出来的影响力强弱与行为定性也密切相关,二者之间的关系可以总结为:

表1　行为人展现出来的影响力强弱与行为定性关系

影响力情况	表现形式	可能的定性	情况说明
最强	影响力施加者是国家工作人员的策应人	构成共同受贿罪	双方是共同犯罪
较强	影响力施加者仅向国家工作人员说明了请托事项	国家工作人员受贿、渎职或者无罪等;行为人构成利用影响力受贿	片面共犯或者行为人单独构成犯罪
适中	行为人对请托事项有具体承诺但没有实际行动	国家工作人员无罪;行为人构成利用影响力受贿罪或者诈骗罪	形式影响力与实质影响力严重不符时构成诈骗
较弱	行为人对请托事项有概括承诺但没有实际行动	国家工作人员无罪;行为人构成利用影响力受贿罪或者无罪	情况复杂;行为人是否收受财物、行为人的身份以及案件情节决定行为的定性
最弱	行为人未对请托事项做任何承诺,也未有实际行动,但行为人收受了他人财物	国家工作人员无罪;行为人原则上无罪,但可能构成侵占罪	收受财物要求返还不返还的,可能构成侵占罪

第二节　以“借”为名型受贿罪的认定研究

司法实践中，以“借”为名型受贿罪的认定十分复杂，因为这种行为表面上符合“借”的一般法律要件，行为人也往往大力掩盖违法所得与职务行为的关系，从而使以“借”为名型受贿的认定更加困难。本文试图从受贿罪的本质出发，拨开层层迷雾，清晰、准确认定以“借”为名型受贿罪。

一、理论厘定：受贿罪的本质

透过现象看本质，是马克思主义哲学的重要方法论。以“借”为名型受贿行为在社会实践中形式多样、纷繁复杂，如何准确认定其行为是否构成受贿罪，最重要的是深刻理解受贿罪的本质。

犯罪的本质与犯罪的客体密切相关。通说认为，受贿罪的客体是职务行为的廉洁性①。受贿罪的对象是贿赂，包括财物和财产性利益，不包括非财产性利益②。财产性利益，如债权的设立、债务的免除、酒席招待、免费旅游等，这些利益之所以为贿赂，是因为他们具有财产性。而升学就业、招工指标、提升职务、迁移户口、提供女色等，不具有财产属性，不应该认为是贿赂。在此基础上，一般认

---

① 于静波：《受贿罪的本质及其展开》，辽宁大学2012年硕士学位论文。

② 高艳东：《“贿赂”范围的比较研究与新探》，载《河北法学》2004年第2期。

为，受贿罪的本质是“以权换利”。比如清华大学法学院张明楷教授认为：“将受贿罪的客体理解为职务行为的廉洁性，就表明受贿罪是一种以权换利的肮脏交易行为，这种表述不但明确揭示了受贿罪的本质，而且非常明确具体。”①笔者也同意上述观点，即受贿罪的本质是“以权换利”。

受贿罪“以权换利”的本质，对以“借”为名型受贿罪的认定至关重要。深言之，要认定国家工作人员借款、借用等行为是一般的民事行为还是受贿犯罪，要从受贿罪“以权换利”的本质出发，看行为人三个方面的表现：第一，行为人是否具有一定的职权；第二，行为人的借款、借用行为是否获得了物质性利益；第三，职权和物质性利益之间是否有一定关联。

二、原因探析：以“借”为名受贿认定难的原因

司法实践中，普遍认为以“借”为名型受贿认定困难，原因何在？深入分析可知，行为人以“借”为名，将“贿赂”披上了民事合法所得的外衣，从而掩盖了“以权换利”的受贿本质。现结合以下案例加以说明。

犯罪嫌疑人胡某原系某国有企业厂长，后在该企业破产期间担任该企业破产清算组常务副组长，在该企业破产清算期间，李某通过杨某找到胡某希望购买该企业的生产设备。胡某答应此事，并说需要借七八万元修建房子用。几天后，杨某与李某开车到胡某家楼下，李某将装有 6 万元现金的信递给杨某并通过杨某将钱给了胡某。但该企业的设备出卖采取了公开拍卖的方式进行，李某通过公开竞买购买了该设备，胡某对该设备的转让并未对李某有任何帮助，随后李某向杨某提出要回这 6 万元。杨某向胡某索要，胡某将 2 万元给杨某，并签下 4 万元的借据，约定以后还给杨某。但杨某并未将此事告诉李某，并将 2 万元私自截留。后李某向检察部门告发，该案案发，经侦查查明胡某家存款及固定资产达七

① 张明楷：《刑法学》，法律出版社 2011 年版，第 85 页。

八百万元。①

本案中，胡某以修建房子的名义，向当事人“借款”6万元，并在返还2万元后，打了4万元借据。胡某具有国家工作人员身份，而且具有处置企业生产设备的权力，胡某也从当事人李某处得到了财产性利益。本案关键是，这6万元是胡某以权换的“利”，还是胡某向李某或者杨某的借款。本案复杂之处在于，胡某行为全程都是称“借”，后面还打了借据。一般情况下，书面的借据是有法律效力的。那么，胡某的行为是受贿还是一般民事借贷行为，界定起来就比较复杂。判断的关键是：胡某的职权和物质性利益是否具有关联。这要从借贷发生的时间、原因，借方是否真实需要，双方平时关系等各方面综合考虑。上述判断职权与物质性利益之间关系的要素很多，判断时，既要考虑法律的规定，又要考虑“情”和“理”，因此，进一步加剧了认定难度。

三、方法论：认定“以权换利”的路径选择

司法实践中，认定行为人是否“以权换利”，既要以法律的基本规定为基础，从刑法典的规定出发宏观把握，又要从司法解释出发微观分析，还得综合考虑“情”、“理”、“法”各种因素，从而得出最后的结论。

刑法是源、本，司法解释是水、木。离开刑法，司法解释是无源之水、无本之木。不理解刑法，盲目适用司法解释，会使问题复杂化，只见树木不见森林。忽视司法解释，会使问题抽象化，理解起来困难重重。因此，在认定以“借”为名型的受贿行为时，刑法、司法解释都要给予考虑，但又要有所侧重。初步判断要靠刑法，侦查、找证据等活动中要侧重于适用司法解释。完整清晰定性，要考虑情、理、法三个方面。

宏观来看，《刑法》第385条规定：“国家工作人员利用职务上的便利，索取

① 陈力东：《明为借贷实为受贿之认定》，载《中国检察官》2008年第8期。

他人财物的,或者非法收受他人财物,为他人谋取利益的,是受贿罪。国家工作人员在经济往来中,违反国家规定,收受各种名义的回扣、手续费,归个人所有的,以受贿论处。"《刑法》第388条规定:"国家工作人员利用本人职权或地位形成的便利条件,通过其他国家工作人员职务上的行为,为请托人谋取不正当利益,索取或收受请托人财物的,以受贿论处。"这就要求,我们在判定一个人的行为是否构成受贿罪时,最主要看四个方面:第一,行为人是否具有国家工作人员身份;第二,行为人是否利用了自己职务上的便利或者自己职权或者地位形成的便利条件;第三,行为人是否获得了财物或者财产性利益;第四,行为人获得的财物或者财产性利益是否与职务有一定关联。前三个方面的判断相对比较容易;第四个方面的判断最难,也最为关键。这也是利用司法解释微观分析的重点部分。

微观来看,"两高"司法解释对以借为名的受贿认定标准做了如下规定。最高人民检察院检、最高人民法院2007年联合发布的《关于办理受贿刑事案件适用法律若干问题的意见》(以下简称《意见》)第8条规定:国家工作人员利用职务上的便利为请托人谋取利益,收受请托人房屋、汽车等物品,未变更权属登记或者借用他人名义办理权属变更登记的,不影响受贿的认定。《意见》同时也规定:认定以房屋、汽车等物品为对象的受贿,应注意与借用的区分。具体认定时,除双方交代或者书面协议之外,主要应当结合以下因素进行判断:(1)有无借用的合理事由;(2)是否实际使用;(3)借用时间的长短;(4)有无归还的条件;(5)有无归还的意思表示及行为。此外,2003年最高人民法院出台的《全国法院审理经济犯罪案件工作座谈会纪要》(以下简称《纪要》)作出了规定,国家工作人员利用职务上的便利以借为名向他人索取财物,或者非法收受财物为他人谋取利益的应当认定为受贿。具体认定时,不能仅仅看是否有书面借款手续,应当根据以下因素综合判定:(1)有无正当、合理的借款事由;(2)款项的去向;(3)双方平时关系如何、有无经济往来;(4)出借方是否要求国家工作人员利用职务上的便利为其谋取利益;(5)借款后是否有归还的意思表示及行为;(6)是否有归还的能力;(7)未归还的原因等。根据这两个司法解释,以借为名、实为贿赂的情况下,国家工作人员以借用为名收受财物并为请托人谋取利益的,不影响受贿的认定,即使受贿嫌疑人主观上不承认犯罪,通过客观事实的查证,一样可以认定为受贿罪。

需要注意,上述两个司法解释规定的内容,只是以借为名实为受贿罪认定要素的列举,并不是判断行为构成受贿罪的全部条件。这从司法解释的遣词用句“主要应当结合以下因素进行判断:……”、“根据以下因素综合判定:……”可以明显看出。因此,在认定相关行为时,还要结合“情”、“理”作出具体判断。比如,行为人某甲是郑州某教育部门的国家工作人员。某乙是某甲的同乡,同时亦是甲家乡某私营煤矿企业的负责人。某乙曾经因为开采煤矿,影响某甲老家房屋的居住,给予某甲家人5万元经济补偿。随着采矿范围的扩大,一度传出甲家需要搬迁的传闻。但乙向来横行乡里,非常霸道,初次谈判,对某甲家的搬迁费压的十分低廉。恰在这时,某乙之子考大学,向某甲求助。甲考虑自己家房子需要搬迁,传闻同村某户居民与甲家同样大小庭院、房屋也相似,搬迁费达到15万元,某甲遂以在郑州买商用房为名向乙借了15万元,并签有借据。后乙另向甲支付5万元辛苦费,求甲帮助其子升学,甲允诺。最后查明,某甲所称购买的商品房才开始建设,尚未正式向外出售;15万元款项某甲存在了银行中;双方平时没有太多经济往来,但存在因煤矿占地从而进行的经济补偿活动和谈判活动;出借方乙向甲提出了利用国家工作人员职权谋取利益的行为;某甲有归还的能力;未归还原因是,某甲希望在宅基地搬迁谈判过程中,能够达到其他居民得到的经济补偿数额,有15万元在手,认为谈判过程会有心理优势。

本案中,甲以买商用房为名向乙借款15万元的行为,是否构成受贿罪?从全案来看,某甲借款是假象,甲乙双方并不是十分熟悉,某甲也没有归还欠款的意思,这似乎与以“借”为名的受贿十分相像。但是,某甲的家乡老宅即将因乙的占地而拆迁，经济补偿15万元左右已有先例。因此，某甲“借”15万元的行为，实际上是利用为乙办事之机，顺利得到自己应得的拆迁款行为。因此，不能够认为这15万元是受贿款。假如某甲利用这一机会，向某乙借款的数额远远大于拆迁款数额，比如50万元，那么多出来的35万元可以认为是贿赂款。

四、理论指导：“借”与索取或者收受财物的关系本质

“借”在司法实践中一般表现为借款和借用。借款在法律上产生“债权债务关系”。借用一般是获得财物所有权“占有、使用、收益、处分”四项权能中的一部分权能。索取、收受财物，传统的、一般的形态是“财物的所有权”四项权能全部转移，而“借”仅仅获得所有权的一部分权能，比如使用权等。这是“借”与索取或者收受财物的本质区别。正因如此，才增加了以借为名受贿的认定难度。

获得所有权部分权能的“借”，能否认定为受贿行为呢？这得从受贿罪的对象谈起。目前，根据《刑法》的规定，受贿罪的对象是“财物”。而“财物”，一般认为既包括财产，也包括财产性利益（如租房收益）。如此来看，受贿罪中的“财物”不能理解的过于狭窄，不能简单地理解为获得财物的所有权才可以构成受贿罪。而应看到，用益物权、担保物权、甚至一些债权的获得等，只要是“财产性的利益”都可。只要获得财物所有权的一部分权能，能够因此获得物质性利益即可。但对财物的理解，不能过于宽泛，比如性贿赂等非财产性利益是不可以成为受贿罪的犯罪对象的。

综上所述，行为人利用职务上的便利，向相对人“借用财物”，尤其是借用不动产，为他人谋取利益的，也可以认定为受贿罪。即使行为人日后的确有归还财物给相对人的意思表示，也不影响受贿罪的成立。比如，某甲向乙借150平方米房屋三年，实际平时自己不住而用于出租，并承诺利用职务上便利为某乙谋取利益。那么，该房屋三年的房租款，应该被认定为行为人受贿罪的款项。

当行为人向相对人"借用"的是动产或者"借款"时,要区分行为人是侵犯了财物的所有权,还是侵犯了财物的某项权能。如果侵犯了财物的所有权,则可以构成受贿罪。如果行为人的行为客观上确实是"借",有归还的意思表示,归还的意思表示也真实,要认真计算行为人借的行为能够获得的物质利益是否达到了受贿的标准,如果比较方便计算且数额较大,可能涉嫌受贿罪。比如,行为人甲趁乙有求自己之机,向某乙借了 500 万元巨款,约定该借款不付任何利息,期限 5 年,借款行为有担保人、见证人等,某甲同意利用职务上的便利为乙谋取利益。5 年后案发,某甲已经返还乙所借 500 万元。实际上,某甲将这 500 万元部分存在了银行"吃利息",部分贷给他人,合计获利 30 余万元。笔者以为,这种情况下,应该以银行同期存款利率计算 500 万元的收益,将其算做甲某受贿的款项。

第三节　斡旋受贿若干问题研究

《刑法》第388条规定："国家工作人员利用本人职权或地位形成的便利条件，通过其他国家工作人员职务上的行为为请托人谋取不正当利益，索取请托人的财物或收受请托人财物的以受贿罪论处。"这在学理上被称为"斡旋受贿"。斡旋受贿与普通受贿罪的共同犯罪、利用影响力受贿罪以及介绍贿赂罪等，具有某些共同点，但也有本质区别。现就斡旋受贿有关问题论述如下。

一、斡旋受贿的犯罪主体问题

由于斡旋受贿犯罪并不是一个独立的犯罪，而是以"受贿罪论处"。因此，从逻辑上看，斡旋受贿罪的主体应该和普通受贿罪的犯罪主体一样，都是"国家工作人员"，非国家工作人员不能单独构成本罪。这从《刑法》第388条的规定可以得到印证。

关于离、退休人员能否成为斡旋受贿犯罪的主体，有一定争议。有观点认为，离、退休人员虽然丧失了公务职权以及与职权相关的地位，但其仍然可以成为受贿罪主体，即离、退休的国家工作人员依然属国家工作人员。[①] 笔者不赞同

① 缪焕：《斡旋受贿若干问题探析》，载 https://www.chinacourt.org/article/detail/2017/08/id/2948428.shtml，最后访问日期：2018年6月12日。

这一观点。

2000年6月30日最高人民法院《关于国家工作人员利用职务上的便利条件为他人谋取利益离退休后收受财物行为如何处理问题的批复》(以下简称《批复》)规定:“国家工作人员利用职务上的便利为请托人谋取利益,并与请托人事先约定在其离退休后收受请托人财物的,构成犯罪的,以受贿罪定罪处罚”。《批复》的解释,并未将“国家工作人员”的范围扩大到离退休人员。《批复》的要旨是,国家工作人员利用在职时的职务便利为请托人谋取利益,并事先约定在离退休后收受财物,这一行为已经侵犯了公职人员职务行为的廉洁性,已经充分显示了国家工作人员“以权换利”的意愿,犯罪的客体已经受到实质侵害,受贿罪已经成立。只不过,收取财物的行为发生在离退休后而已。因此,《批复》没有扩大“国家工作人员”的范围。同样道理,如果国家工作人员利用本人职权或地位形成的便利条件,通过其他国家工作人员职务上的行为为请托人谋取不正当利益,并事先约定在离退休后收受财物的,当然构成斡旋受贿犯罪。但这与离退休人员退休后,利用自己原有的职权或地位形成的便利条件,通过其他国家工作人员职务上的行为为请托人谋取不正当利益,有本质区别。

二、斡旋受贿犯罪客观方面问题

(一)国家工作人员利用本人职权或地位形成的便利条件的理解

首先,行为人必须有一定的职权或者地位。这是行为人构成斡旋型受贿罪的前提条件。如果没有一定职权或者地位,行为人是不能单独构成受贿罪的,只能成为受贿罪的共犯或者利用影响力受贿罪。其次,这一职权不能与被斡旋者为请托人谋取利益所需的职权一致,如果职权内容、权限一致,则可以理解为行为人直接利用自己的职权与被斡旋者共同构成一般的受贿犯罪,而不是斡旋受贿。最后,这里的“地位”,是指因公权力的存在而形成的“地位”,一般表现为某种职务的制约关系,而不是因亲情、友情、江湖义气等形成的“地位”。“国家工作人员利用本人职权或地位形成的便利条件”,实质上是指行为人利用自己的职务影响力来受贿。

(二)通过其他国家工作人员职务上的行为为请托人谋取不正当利益的理解

首先,被斡旋者也是国家工作人员才可以构成本罪。

其次,“其他国家工作人员”的职权,与请托人谋取不正当利益所需的职权要一致。如果国家工作人员利用本人职权或者地位形成的便利条件,通过其他国家工作人员职权或者地位形成的便利条件,再斡旋第三个国家工作人员利用职权为请托人谋取利益,是否构成斡旋类受贿需要深入讨论。即“A—B—C”的情况,也即:A 国家工作人员斡旋 B 国家工作人员,B 再斡旋 C 国家工作人员,利用 C 职务上的便利为请托人谋取不正当利益的行为如何定性。这要探讨 A 与 B 再斡旋第三人方面有没有意思上的联络,若果 A 与 B 有意思联络,则 A 与 B 构成斡旋受贿类犯罪的共犯;如果 A 与 B 斡第三人没有意思联络,则 A 不构成斡旋类受贿犯罪。

最后,为请托人谋取的必须是不正当利益。如果行为人为请托人谋取的是正当利益,则不能构成斡旋受贿。这一规定有着重要的法理依据。如前所述,由于行为人自己没有处理委托事项的职权,因此,行为人没有怠于行使权力的行为。行为人为了他人的正当利益而斡旋他人帮助处理此事,刑法并不禁止。这与行为人具有职权和义务处理某事项,行为人故意拖延或拒绝处理,是有本质区别的。前者不存在亵渎自己职权的行为,后者属于亵渎自己职权后一种情况,行为人本应该积极行使职权处理有关事项,但怠于行使,只有收取了贿赂才为请托人处理,即使谋取的是正当利益,也应该收到法律谴责,构成普通受贿罪。

三、斡旋受贿犯罪的共同犯罪问题

(一)被利用的国家工作人员向斡旋者索取或者收受财物的情况

在斡旋受贿犯罪中,斡旋者与被利用者之间,主观上不能有共同受贿的意思联络,客观上被利用者不能够向斡旋者索取或者收受财物,否则,斡旋者与被利用者的行为符合共同犯罪的特征,斡旋者的行为可直接以普通受贿罪的共同犯罪来认定,不再按照斡旋受贿犯罪的规定来认定。

(二)斡旋者明知被利用的国家工作人员向请托者索取或者收受财物的情况

如果斡旋者明知被利用的国家工作人员向请托者索取或者收受财物,仍然决意利用该国家工作人员职务上的行为为请托人谋取不正当利益,这就表明斡旋者与被利用者之间有共同受贿的意思表示,二者仍然可以直接按照普通受贿罪的共犯来处理。

(三)被利用的国家工作人员私下向请托者索取或者收受财物的情况

如果斡旋者利用本人职权或地位形成的便利条件,通过其他国家工作人员职务上的行为为请托人谋取不正当利益,请托人在斡旋者不知情的情况下,给予被利用的国家工作人员以财物,或者被利用的国家工作人员在斡旋者不知情的情况下向请托者索取财物的,被利用者的行为构成普通受贿罪没有异议,斡旋者是否构成普通受贿罪的共犯呢?这实际上是片面共犯问题。即被利用者有与斡旋者共同受贿的意思和行为,但斡旋者一方对此并不知情,斡旋者没有共同受贿的意思表示。客观上,被利用者促进、加强了斡旋者的受贿行为,但斡旋者并没有与被利用者共同受贿的意思表示,这是典型的片面共犯。由于我国现行刑法并不承认片面共犯,因此,斡旋者应该以《刑法》第 388 条相关规定以斡旋受贿犯罪来认定,不应该认定为普通受贿罪的共犯。被利用的国家工作人员单独成立普通的受贿罪。斡旋者和被利用者按照各自的受贿行为单独定罪。

(四)被利用者明知斡旋者索取或者收受请托人财物仍然予以帮助的情况

还有一个与斡旋受贿有关的共犯问题,即根据《刑法》第 388 条关于斡旋受贿的法条表述,斡旋者构成斡旋受贿的重要条件之一就是要有利用其他国家工作人员职务上的行为,如果被利用者明知斡旋者已经索取或者收受了请托人财物,仍然帮助斡旋者为请托人谋取不正当利益,被利用的国家工作人员是否构成斡旋受贿的共犯(帮助犯)呢?笔者认为,被利用者可以构成斡旋受贿犯罪的共犯。因为斡旋者与被利用者之间有犯罪的意思联络,而且两者有共同收取贿赂的意思表示,被利用者最后是否实际分得受贿款,并不影响斡旋受贿犯罪共犯的成立。很多情况下,被利用者基于各种原因(如被利用者级别较低等),被利用者一般并未分得受贿款。但这只是赃款的分配问题,对量刑有一定意义,对认定共同犯罪没有影响。

由此可见,斡旋者与被利用者主观上不能有斡旋受贿或者普通受贿的意思表示,客观上二者不能有斡旋受贿或者普通受贿的共同行为,否则,斡旋者和被利用者可能构成斡旋受贿或者普通受贿的共犯。最典型的、不构成共犯的情况是:斡旋者受贿的行为,被利用者毫不知情,斡旋者构成斡旋受贿犯罪,被利用者无罪或者构成渎职类犯罪(谋取不正当利益情节严重的)。非典型的、特殊的不构成共同犯罪的情况是:被利用的国家工作人员私下向请托者索取或者收受财物,而斡旋者对此毫不知情,斡旋者向请托人索取或者收受财物,被利用的国家工作人员也毫不知情,这时斡旋者构成斡旋受贿犯罪、被利用者构成普通受贿罪。尽管二者最终都以受贿罪论处,但不是共同犯罪,而是分别定罪处罚。

四、斡旋受贿犯罪与利用影响力受贿罪区别

两种犯罪都具有利用其他国家工作人员职务的便利的行为,都是为请托人

谋取不正当利益，都需要有索取或者收受他人财物的行为，不同点主要体现在犯罪主体和犯罪客观方面。

犯罪主体方面，斡旋受贿类犯罪的主体并没有突破一般受贿罪犯罪主体的要求，仍然是特殊主体，即国家工作人员；而利用影响力受贿罪的主体也比较明确，必须是国家工作人员的亲属或者与国家工作人员关系密切的人，但不要求是国家工作人员。

客观方面，斡旋受贿罪的犯罪主体利用了本人的职权或者地位形成的便利条件，因此利用了本人的职权影响力；而利用影响力受贿罪，行为人利用的是非职权影响力，比如亲属、同学关系等。这是两个犯罪的本质区别。从客观行为来看，利用影响力受贿罪的行为主体，恰恰利用的是符合斡旋受贿犯罪或者一般受贿罪的犯罪主体的职权，完成了以“他人之权”换得“自己之利”。因此，利用影响力受贿罪带有一定的“寄生性”，它离不开其所腐蚀的、寄生的权力主体。

五、斡旋受贿犯罪与介绍贿赂罪的区别

斡旋受贿罪与介绍贿赂罪两个犯罪的成立，都需要有三个角色，即行贿人、中间人和办事人，因此，两种犯罪有相似性，但二者也有明显不同。

第一，两个犯罪的主体不同。斡旋受贿犯罪主体是国家工作人员，而介绍贿赂罪的犯罪主体没有特殊要求，非国家工作人员也可以构成本罪。

第二，两罪的主观方面不同。虽然两罪的成立都要求行为人主观方面是故意，但故意的具体内容是不同的。斡旋受贿犯罪的行为人主观方面有接受贿赂、并积极为请托人谋取利益的认识和意志；介绍贿赂罪，行为人仅仅有居中撮合、牵线搭桥的认识和意志，并没有接受贿赂以及促成请托人事项的认识和意志。也就是说，介绍贿赂罪的行为人，处于超然的地位，既与行贿人没有共同行贿的犯罪故意，也与受贿人没有受贿的犯罪故意。

第三，两罪的犯罪客观方面不同。一方面，斡旋受贿犯罪，行为人在客观上是利用自己职务的影响力促成请托人事项；而介绍贿赂罪，行为人是利用非职务影响力来为行贿者和办事人牵线搭桥、居间介绍。另一方面，斡旋受贿犯罪的行为人是站在受贿人角度来行事的，而介绍贿赂罪的主体，既不站在行贿人的角度、也不站在受贿人的角度行事，客观上是居中独立行事的。

第四，两罪为请托人谋取利益的性质不同。构成斡旋受贿类犯罪，要求为请托人谋取的是不正当利益；而介绍贿赂罪，只要向国家工作人员介绍贿赂情节严重就可构成本罪，对谋取的利益是否正当没有要求。

第三章　学术不端行为的刑事治理研究

学术不端是学术界的一个热门话题。据笔者搜索，截至2018年9月9日，以“学术不端”为篇名的文献已经有1958篇，以“学术腐败”为篇名的文献已经有499篇，以“科研不端”为篇名的已经有2267篇。但是，以上述文字为题并且题名中含有“法”、“法律”等字样的文章，不足30篇；以上述字样为题并且题名中含有“刑事”或者“刑法”字样的文章，更少之又少。[①] 对学术不端行为刑事治理进行专门研究的文章，笔者仅仅收集到5篇。[②] 这五篇文章尽管对学术不端的刑事治理有关问题进行了一定探讨，但对刑事治理的必要性、可行性，以及我国刑法司法适用与完善等，还有进一步研究的空间。现笔者略论一二，以求教于同人。

第一节　对学术不端行为进行刑事治理的必要性

首先，一个行为是否需要刑法来调整，要看该行为是否对法益造成了严重侵害。“无法益侵害即无犯罪，刑法规范将一种行为犯罪化的前提在于相关的生

① 资料来源：《中国知网》学术文献总库，最后访问日期：2018年9月9日。

② 这五篇文章具体如下：俞涛撰写了三篇，即《论科学不端行为的刑事治理》、《试论科学不端行为的犯罪化》和《论国外科学不端行为刑事治理制度的特点及对我国立法的启示》，分别载于《武汉科技学院学报》2004年第7期、《湖北省社会主义学院学报》2005年第6期以及《湖南公安高等专科学校学报》2005年第6期；杜琴：《论科学不端行为的刑法干预》，载《科技进步与对策》2008年第3期；徐英军：《刑法对科研不端行为的应然回应》，载《政法论坛》2009年第2期。

活领域存在需要法律保护并能够被法律保护的生活利益。法益本身也成为行为犯罪化或非犯罪化的本质根据。”①有些学术不端行为具有严重的社会危害性。比如,采用虚假手段申请骗取国家巨额科研资金、采用虚假研究成果骗取项目验收通过的行为,造成了大量国家资产流失,严重扰乱了科学研究秩序,同时也对学术评审机构造成了严重的不信任;再如,将巨额科研资金挪做他用,用于投资、经商或者其他与科研没有任何关系的活动;还有的将他人发表的成果经过加工、揉和、改头换面,当作自己的成果出版发行的行为,严重侵犯他人的著作权等。上述行为或侵害了国家的财产的所有权或管理使用权、或严重扰乱了科研秩序、或严重侵犯知识产权。从法律上讲,都严重侵害了法律应该保护的法益,本质上都具有严重的社会危害性。

其次,一个行为是否需要刑法来调整,还得看该行为依靠其他法律能否得到有效遏制。因为,刑法从适用上来说应该具有补充性,这是由刑罚的严厉性所决定的。“刑罚之界限应该是内缩的,而不是外张的,而刑罚该是国家为达到其保护法益与维护法秩序的任务时‘最后手段’。能够不使用刑罚,而以其他手段亦能达到维护社会共同秩序及保护社会和个人法益之目的时,则务必放弃刑罚的手段。”②尽管我国已经制定了《中华人民共和国科学进步法》和《中华人民共和国促进科学成果转化法》,但是,触犯这两部法律的具体责任大多是民事、行政责任,明显较轻,相对于部分严重的学术不端行为的社会危害性来说,很不平衡。比如,民事责任的要义是“恢复破坏的法律关系”,一般不具有惩罚性,最严厉的时候也无非就是对他人的损害进行等额的赔偿。因此,侵害他人的著作权、侵吞了国家的科研资金,如果承担民事责任,仅仅是“赔礼道歉、赔偿他人损失、返还科研资金”等,这些责任显然是不够的;行政责任虽然与民事责任相比,有一定

① 李海东:《刑法原理入门》,法律出版社 1998 年版,第 15 页。

② 林山田:《刑罚学》,台北,商务印书馆 1991 年版,第 128 页。

的惩罚性，比如行政拘留、罚款等，但是拘留日期非常短，罚款数额也很有限，不足以遏制犯罪。

最后，国外的立法例足以表明，学术不端行为是需要进行刑事治理的。《德国刑法典》第七章妨害公共秩序罪中，就规定了"滥用头衔、职称和徽章罪"。即该法第132条a款规定，非法使用本国或者外国的公职或者职务名称、学位、头衔或者身份的；或者非法使用公开聘任的专家称号的，处1年以下自由刑或罚金。① 美国是判例法国家，针对科研不端行为本身虽然没有规定专门的罪名，但其刑事治理制度在遵循先例的基础上，通过一定的法律推论来对科研不端行为进行制裁。比如，如果在资助申请书中发现有"研究资料的捏造、篡改和抄袭"的行为，申请者将被看作是"欺诈盗取政府资金"，并会因此构成犯罪。② 日本是法典式国家，针对一些不注明出处的科研不端行为，在其《著作权法》中专门规定了"不注明出处罪"，即规定在必须注明作品出处时，违反规定不注明作品出处的行为构成犯罪，处以1万日元以下的罚金。③《俄罗斯联邦刑法典》第146条第1款也规定，"侵犯著作权(剽窃他人作品)，如果这种行为给作者和其他权利持有人造成重大损失的，处数额为20万卢布以下或处被判刑人18个月以下的工资或其他收入的罚金；或处180小时以上240小时以下的强制性公益劳动；或处3个月以上6个月以下的拘役。"④由此可见，对科研不端行为进行刑事治理是大多数国家的通例，学术不端犯罪化在国外也有先例可循。

① 《德国刑法典》，徐久生、庄敬华译，中国法制出版社2000年版，第127页。

② 韩宇、王国骞、李安：《美国国家科学基金会对科研不端行为的法律规制》，载《中国基础科学》2009年第6期。

③ 山崎茂明：《科学家的不端行为——捏造·篡改·剽窃》，清华大学出版社2005年，第5页。

④ 《俄罗斯联邦刑法典》，黄道秀译，法制出版社2004年版，第73页。

第二节　对学术不端行为进行刑事治理的可行性

考察一个行为是否要用刑法来治理,除了考察刑事治理的必要性外,还得考察刑事治理的可行性。因为我们需要的并不是一纸空文,而是要在司法实践中运用刑罚,因此我们要考虑运用刑法整治学术不端行为是否能够达到遏制学术不端的效果,所付出的代价是否可以承受。这需要进行两方面的考虑。一方面,是将学术不端行为犯罪化后,能否达到惩罚犯罪、预防犯罪的目的;另一方面,要对学术不端犯罪化进行成本效益分析,看这种治理方式是否符合经济性原则。

一方面,笔者认为,学术不端行为犯罪化可以达到惩罚和预防该行为的目的。我国的刑罚分为生命刑、自由刑、资格刑和财产刑。其中自由刑是剥夺他人人身自由的刑罚,这种刑罚对犯罪分子有很大的威慑力。学术不端行为一般都是基于经济利益或者名誉地位等原因而为,侵害的法益或是财产权益,或是知识产权,或是科研秩序等,虽然学术不端行为一般不侵犯人身权,但自由刑这种刑罚却是以剥夺行为人人身自由为内容,可见其惩罚的力度远远大于其所侵犯的法益,这足以对潜在的学术不端行为人构成威慑。比如美国、韩国等就有因学术不端而被判监禁的案例。[①] 而我国截至目前尚没有一例因为学术不端而被判处刑罚的案件。如果我国出现几个被判处有期徒刑的案例，势必会对学术参与者造成重大影响。另外，刑罚中的资格刑和财产刑与行政处罚中的剥夺一定资格和罚款的处罚，在制裁效果上也是不同的。这里的不同，不仅体现在惩罚的量上，还体现在处罚的主体、处罚的程序、处罚的性质和处罚的法律后果等方面。即使两种惩罚的内容一样，但刑罚的处罚效果也远远大于行政处罚的效果。比如，以罚金5000元和罚款5000元为例，前者至少说明被处罚人构成了犯罪，经过法院严格的审判程序才能做出，而且是以判决的形式作出，对被判处罚金的人，在今后的工作、任职等方面都会产生重大影响；但罚款仅仅是由行政机关作出，后果相对轻缓的多，对今后工作、任职等影响不大。因此，刑罚对行为人威慑力更大，对预防学术不端也就更加有力。

另一方面，利用刑罚来惩罚严重的学术不端行为，是符合经济性原则的。第一，从刑法本身来看，目前共有罪名仅444个[②]（《刑法修正案（八）》生效之前），罪名数量总体来说并不是很多。而且我国正处于经济社会转型期，矛盾多发，情势变化较快，因此犯罪化仍然是当前我国刑法发展的总趋势。在这种背景下，对我国现有刑法做出一定修改的成本，与巨额科研资金浪费、科研诚信严重丧失的成本而言，是可以接受的。第二，从法的适用成本来看，运用民事手段处理的仅仅是平等主体之间的私人纠纷，利用行政法律手段处理的仅仅是国家行政管理机关与学术研究者之间管理与被管理的关系，都不足以代表国家来惩罚学术不

① 2006年6月28日，伯灵顿市佛蒙特大学医学院研究人员艾里克·波赫尔曼，因在15个联邦科研经费申请以及10篇论文中造假，被美国佛蒙特州伯灵顿地方法庭判处在美国联邦监狱服刑1年零1天。参见张田勘：《美国人如何查处学术造假》，载《羊城晚报》2010年7月21日。韩国首尔高等法院2010年12月16日对“学术造假”科学家黄禹锡涉嫌侵吞研究经费上诉案作出判决，黄禹锡因侵吞部分研究经费而被判处有期徒刑18个月，缓期两年执行。参见姬新龙：《黄禹锡“造假”获轻判》，载《北京晨报》2010年12月17日。

② 统计数据截至2011年3月，《刑法修正案（八）》生效之前。

端的行为人。因此,利用刑法来处理学术不端,并不会增加法的运行成本;相反,如果没有刑法的治理,民事法律和行政法律又不足以处理学术不端行为,就会给国家和社会带来不必要的麻烦。另外,我们倡导要利用刑法治理学术不端,并不是将刑法作为整治的唯一手段,而是要建立包括刑事治理包括在内的综合治理体系,并且要将刑法作为最后的、补充的手段。因此,学术不端的刑事治理不会造成刑罚的泛滥,也不会造成其他法律规范的虚置。因而,利用刑法来治理学术不端是符合经济性原则的。

第三节　需刑事治理的学术不端行为之表现形式

目前,主要有三部法律对学术不端行为进行了规定。其中,《中华人民共和国科学进步法》和《中华人民共和国促进科学成果转化法》略有涉及。专门治理科研不端行为的法律规范只有科技部于2006年公布的《国家科技计划实施中科研不端行为处理办法》。该办法对科研不端的概念和形式做出了规定。该法律指出,科研不端是指违反科学共同体公认的科研行为准则的行为,包括:在有关人员职称、简历以及研究基础等方面提供虚假信息;抄袭、剽窃他人科研成果;捏造或篡改科研数据;在涉及人体的研究中,违反知情同意、保护隐私等规定;违反实验动物保护规范;其他科研不端行为。上述三部法律虽然在责任章节谈到了刑事责任问题,但却未对学术不端行为的犯罪构成做出规定。因此,包括刑法在内,我国法律并未对什么样的学术不端行为构成犯罪进行详细规定。

具有借鉴意义的是,中国科学院也于2007年2月26日公布了《中国科学院关于加强科研行为规范建设的意见》(以下简称《意见》)。《意见》对学术不端行为的概念和认定标准做出了更为详细的规定。《意见》认为,学不端行为是指研究和学术领域内的各种编造、作假、剽窃和其他违背科学共同体公认道德的行为;滥用和骗取科研资源等科研活动过程中违背社会道德的行为。认定学术不端的六个标准是①：

第一，在研究和学术领域内有意做出虚假的陈述，包括：编造数据；篡改数据；改动原始文字记录和图片；在项目申请、成果申报，以及职位申请中做虚假的陈述。

第二，损害他人著作权，包括：侵犯他人的署名权，如将做出创造性贡献的人排除在作者名单之外，未经本人同意将其列入作者名单，将不应享有署名权的人列入作者名单，无理要求著者或合著者身份或排名，或未经原作者允许用其他手段取得他人作品的著者或合著者身份。剽窃他人的学术成果，如将他人材料上的文字或概念作为自己的发表，故意省略引用他人成果的事实，使人产生为其新发现、新发明的印象，或引用时故意篡改内容、断章取义。

第三，违反职业道德利用他人重要的学术认识、假设、学说或者研究计划，包括：未经许可利用同行评议或其他方式获得的上述信息；未经授权就将上述信息发表或者透露给第三者；窃取他人的研究计划和学术思想据为已有。

第四，研究成果发表或出版中的科学不端行为，包括：将同一研究成果提交多个出版机构出版或提交多个出版物发表；将本质上相同的研究成果改头换面发表；将基于同样的数据集或数据子集的研究成果以多篇作品出版或发表，除非各作品间有密切的承继关系。

第五，故意干扰或妨碍他人的研究活动，包括故意损坏、强占或扣压他人研究活动中必需的仪器设备、文献资料、数据、软件或其他与科研有关的物品。

第六，在科研活动过程中违背社会道德，包括骗取经费、装备和其他支持条件等科研资源；滥用科研资源，用科研资源谋取不当利益，严重浪费科研资源；在

① 依这六个标准，笔者在下文论述中将依次简称为“虚假陈述型学术不端”、“损害著作权型学术不端”、“非法利用他人研究信息的学术不端”、“发表或出版中的不端”、“阻止他人研究活动的学术不端”和“骗取、滥用科研资源的学术不端”。

个人履历表、资助申请表、职位申请表，以及公开声明中故意包含不准确或会引起误解的信息，故意隐瞒重要信息。

结合上述法律和相关规范，笔者认为，构成犯罪的学术不端行为只能表现为以下三种：第一，采用欺骗手段或虚假科研成果获得科研资金，数额较大的；第二，挪用科研经费，数额较大的；第三，严重侵犯他人知识产权的。上述三类行为，无论从侵害的严重性，还是从与学术不端联系的紧密程度上看，都应该作为学术不端类犯罪加以考虑。至于"非法利用他人研究信息的学术不端"行为，因为他人未发表的学术计划或者学术思想，究竟谁是所有人，在证明上非常困难，不便于定罪，而且学术计划和思想转变为学术成果的过程，还需要行为人付出艰苦的劳动，因此，不便于对此进行直接刑事规制。"阻止他人研究活动的学术不端"，与学术研究本身和研究成果没有直接的联系，这些行为可以依据破坏公私财物罪、侵占罪、职务侵占罪等加以规制，在此不做特殊探讨。至于《国家科技计划实施中科研不端行为处理办法》中规定的："在涉及人体的研究中，违反知情同意、保护隐私等规定；违反实验动物保护规范"等，侵害的对象是人或动物，这种侵害并不仅仅发生在学术行为中，其他普通行为也会对人或动物造成同样的侵害，因此没有特殊性，因篇幅所限，故而在本文中也不做详细探讨。

第四节　我国刑法对学术不端行为的司法适用与立法完善

我国将学术不端行为认定为犯罪的较少，一方面与刑法现有规定不完善有关，另一方面也与司法机关对刑法现有规范的误读有关。

一、采用虚假手段或虚假科研成果骗取科研资金，可否构成诈骗罪

按照我国《刑法》第266条的规定，诈骗罪是指以非法占有为目的，用虚构事实或者隐瞒真相的方法，骗取数额较大公私财物的行为。学术研究者采用虚假手段或虚假科研成果骗取科研资金的情况，虽然行为人采用虚构自己的身份、编造自己过往的学术成绩以骗取评审机构的信任从而获得科研资金，或者在结项的过程中，虚构自己的科研成果以达到结项目的从而骗得对科研资金的占有，似乎符合诈骗罪的客观要件。但实际上，行为人无论采用什么非法手段获得科研资金，大多数都是用于科研用途，因此，从本质上说，也不符合诈骗罪的客观构成要件。从主观上看，行为人一般都是怀着骗取科研资金用于科学研究的目的，而不是“非法占有科研资金”的目的，因此不符合诈骗罪主观方面。从客体上看，科研资金一般由国家或者单位占有，申请人仅仅具有使用权，申请人不具有收益权和处分权。比如，科研资金的利息等收益，申请人是没有权利获取的。因

此，行为人没有侵犯科研资金的所有权，故而不构成诈骗罪。

鉴于上述原因，建议国家单独设立"欺诈科研资金罪"，罪名表述为"以科研为目的，采用虚假手段或者虚假科研成果骗取科研资金，数额较大的行为。"如果行为人以造假的手段，并且以非法占有而不是科研目的骗取科研资金据为己有，则可能构成诈骗罪。

二、挪用科研资金的，是否可以构成挪用公款罪或挪用资金罪

首先，我们要明确科研资金的性质。国家拨款的科研资金，属于国有资金，由此形成的资产属于国有资产，由项目承接单位行使使用权，项目负责人及成员仅仅是资金的具体使用人。同理，由公司、企业或者其他单位提供的科研资金，属于提供单位所有，项目承接单位仅仅具有资产的管理和使用权，项目申请人和成员仅仅是资金的具体使用人，没有处分、收益的权利。上述观点在我国的法律中也得到了一定印证。比如，国家财政部和国家科技部于2000年颁布的《科研院所社会公益研究专项资金管理暂行办法》第10条规定："由专项资金形成的资产属国有资产，由项目承担单位行使使用权"。该办法第12条规定："项目承担单位对项目及其资金的使用与管理……"

那么，科研人员将项目承接单位具有管理和使用权但不具有资金所有权的科研资金挪用，是否构成挪用公款罪或挪用资金罪呢？首先，挪用公款罪的"公款"，是指公共财产中的货币或有价证券部分。我国《刑法》第91条规定，"本法所称公共财产，是指下列财产：(一)国有财产；(二)劳动群众集体所有的财产；(三)用于扶贫和其他公益事业的社会捐助或者专项基金的财产。在国家机关、国有公司、企业、集体企业和人民团体管理、使用或者运输中的私人财产，以公共财产论。"可见，国家机关、国有公司、企业、集体企业和人民团体管理、使用中的私人款项，属于公款。同理，如果项目承接单位是非国有公司、企业或者其他单

位,那么该单位管理和使用的科研资金,也属于单位资金,也应该是挪用资金的犯罪对象。其次,挪用科研资金的学术人是否符合挪用公款罪或者挪用资金罪的犯罪主体要求?我国《刑法》规定的挪用公款罪的主体是"国家工作人员",挪用资金罪的犯罪主体是"公司、企业或者其他单位的工作人员"。尽管我国现在的科研项目既可以是单位申报,也可以是个人申报,但是为了方便资金的监督和管理,如果是个人申报的,一般都要求有依托单位。那么,依托单位和申请成员之间的关系就非常复杂,有的属于依托单位的工作人员,有的不属于依托单位的工作人员。那么,基于科研项目申报、科研资金监督、管理与使用而产生的依托单位与个人之间的关系,到底是一种什么关系,还有待进一步研究。如果项目申请人和成员属于该单位的正式职工,则符合挪用公款罪或者挪用资金罪的主体要求,可以构成上述两罪。如果个人以单位为依托申请项目,但本人又不属于本单位职工,则很难将该申请人认定为该单位的职工,因此无法符合挪用公款罪或者挪用资金罪的犯罪主体要求,因此,依靠上述两罪对这种学术不端行为进行整治,就出现了漏洞。

鉴于此,笔者建议,刑法应该专门设立"挪用科研资金罪",对科研资金的挪用行为作出专门规定。

三、学术不端行为可否构成侵犯知识产权方面的犯罪

(一)可否构成侵犯著作权罪

以《中国科学院关于加强科研行为规范建设的意见》中规定的六个认定标准为例,上述科研不端行为中,仅仅"损害他人著作权型学术不端"和"发表或出版中的不端行为"两种,似乎可以构成侵犯著作权罪。但仔细辨别上述"发表或出版中的不端行为",我们会发现,上述情况针对的都是自己本人的作品,与侵犯他人著作权没有关系,故而不能构成本罪。再看"损害他人著作权型"科研不

端行为，也很难构成侵犯著作权罪。首先，构成侵犯著作权罪要求行为人主观上还必须“以营利为目的”，而那些为了完成单位工作任务、为了评专业技术职务而侵犯他人著作权的行为，也不能构成本罪。其次，从客观行为上看，只有非法“复制、发行”他人作品，或者未经版权人允许出版他人作品，才能构成本罪，但是上述“损害他人著作权型”科研不端行为，仅仅是侵犯了署名权或剽窃了他人文章内容，并不是刑法中所称的“复制发行”他人作品；而且构成本罪，还需客观上“违法所得数额较大”，根据相关立法、司法解释，个人违法所得数额在 2 万元以上才是数额较大。据此，综合来看，“损害他人著作权型”科研不端行为也不能构成本罪。

依据现行《刑法》，上述两种类型的学术不端行为不构成侵犯著作权罪，那么上述两种行为应否入罪呢？首先，看将自己本人的作品“改头换面”或者“揉和”之后发表或者出版，应否入罪。笔者认为，不适宜入罪。虽然这些行为浪费了国家的出版资源，也一定程度上扰乱了科研秩序，但是，这种行为没有侵犯他人著作权，通过严格的学术评价和一般的法律规范，足以遏制这种行为，鉴于刑法的谦抑性，不适合规定为犯罪。其次，剽窃他人成果但没有“复制、发行”也未“出版”的，本人认为也不应入罪。犯罪化必须有必要性。上述学术不端行为，通过合适的学术评价体系，很容易辨别，而且危害性不大，不宜入罪。

由此可见，依据《刑法》第 217 条之规定，只有以营利为目的，未经著作权人许可，复制发行他人作品，或者出版他人享有专有出版权的图书，违法所得数额较大或者有其他严重情节的学术不端行为，才构成侵犯著作权罪。

（二）可否构成假冒专利罪

依据我国《刑法》的规定，假冒专利罪客观上要求行为人有“假冒他人专利的行为”，根据最高人民法院、最高人民检察院《关于办理侵犯知识产权刑事案件具体应用法律若干问题的解释》第 10 条的规定，假冒专利有以下四种客观表现:一是未经许可,在产品或者包装上标注他人专利号;二是未经许可,在广告等宣传资料中使用他人的专利号,使他人误认;三是未经许可在合同中使用他人专利号,使他人误认;四是伪造、变造他人的专利凭证。所有上述假冒专利行为都是发生在经济活动中,但科研不端都是发生在科学研究和项目评审等过程中,如果行为人将他人获得专利的技术用于自己的研究成果中,很难构成假冒专利罪。这一观点也可以在《中华人民共和国专利法》(以下简称《专利法》)中得以印证,我国《专利法》第69条规定:“有下列情形之一的,不视为侵犯专利权:……(四)专为科学研究和实验而使用有关专利的……”另外,如果行为人使用虚假的信息、数据来申请专利,或者窃用他人的技术抢先申请专利,也不构成本罪。如有学者认为,采用欺骗手段在专利管理机关登记,冒名骗取专利权的行为,不构成假冒专利罪。因为本罪侵犯的是他人的合法专利权,一项发明创造在被专利管理机关确认为专利之前,是不存在被假冒问题的。[①] 笔者对此是赞同的。

① 王作富、赵永红:《试论假冒专利罪与非罪的界限》,载《法学杂志》2001年第2期。

第五节　对学术不端行为进行刑事治理的建议

一、刑事治理对象要多元化

学术不端行为的产生，有着多方面原因。治理学术不端行为，也不能仅仅针对学术研究者，应该将刑事治理的对象范围扩大。笔者认为，除了学术人之外，还要考虑学术评审机构、期刊杂志出版机构、中介组织等对学术不端的影响。笔者现对上述三类主体的行为做简要分析。

（一）学术评审人员的渎职、腐败行为

在职称评审、项目申报评选、项目中期检查以及结项的过程中，学术评价审核人员的监督、管理、评价是否到位，对研究者的研究行为有着重大影响。因此，为了根治学术不端行为，有必要对学术评审人员的评价行为进行法律规制，特别是刑法规制。但是，就目前我国刑法现有规定来看，渎职罪的主体是“国家机关工作人员”，受贿罪的主体是“国家工作人员”，非国家工作人员受贿罪的主体是“公司、企业或其他单位人员”。在犯罪主体上，上述三种犯罪都要求行为人属于某一单位职工。但实践中，学术评价人员一般都是临时组织的相关专家学者，他们甚至来自不同的职业、不同的单位，是否属于某一固定单位尚有疑问。即使少部分学术评价人员符合上述三种犯罪的主体要求，在行为方式的认定上也有很大问题。

鉴于受贿类犯罪本质上也是一种亵渎职务的行为，为了立法的简洁，本人建议在刑法中增设“学术评价人员渎职罪”，内容包括在学术评价的过程中，学术评价主体滥用职权、玩忽职守，造成重大学术不端行为发生的；也包括在学术评价过程中徇私舞弊，索取或者收受他人贿赂，扰乱学术评价秩序的行为。

(二)期刊杂志社、出版单位等放任学术不端行为或者与学术不端者合谋的行为

期刊杂志社或出版单位明知所投稿件存在剽窃、抄袭行为情节严重的，却积极予以刊登或者出版发行的放任、合谋行为，是否构成犯罪，这是一个非常值得探讨的问题。如前文所述，本人认为，尽管独立个体剽窃他人成果在期刊上发表，由于非法所得数额一般不会太大，构成侵犯著作权罪要有危害程度“量”的要求，因此剽窃他人作品在期刊上发表尚不构成侵犯著作权罪。但是，期刊杂志社或出版单位如果明知大量作者都有剽窃、抄袭行为，却仍然予以出版、发行，由于剽窃的数量较大，而且出版发行后的获利金额不菲，则期刊杂志社和出版单位有可能构成侵犯著作权罪。尤其是有的期刊杂志社或者出版单位，为了获取高额版面费或者其他不法收入，往往不问作品的质量，放任作者的学术不端行为，构成侵犯著作权罪应该没有任何问题。

(三)中介组织的非法经营行为

由于学术成果市场的需要，这几年我国催生了许多以撰写论文、发表论文以及申请科研项目为业的机构和组织。这些组织可以联系专业写手代写学位论文、代为联系论文发表机构，或者代为联系图书出版单位，以及帮助他人申请科研项目等。这些非法中介组织的经营行为对学术不端起到了推波助澜的作用，严重挑战了科研诚信，扰乱了科研秩序。但是目前我国刑法还没有对此作出规定。笔者建议刑法设立非法经营科研活动罪，以便打击那些以此为业的组织和个人。

二、建立以刑事治理为最后手段的综合治理机制

学术不端这一顽疾的治理,不能仅仅依靠刑罚。对于这一社会现象,应该进行综合治理。笔者认为,学术人的道德自律,学术评价体系的完善,非刑事法律的规制等,都很重要。我们应该采用多种手段治理学术不端行为,努力构建"学术人自律"、"学术机构审查"、"一般法律规范治理"和"刑事法律治理"相结合的综合治理机制。

三、对学术不端行为进行刑事治理的立法完善建议

综合前文所述,笔者建议在妨害社会管理秩序罪一章中,单独设立扰乱科研秩序罪(类罪)。下设欺诈科研资金罪、挪用科研资金罪、学术评价人员渎职罪和非法经营科研活动罪等罪名,以期对学术不端行为进行强有力的打击。

(一)骗取科研资金罪

如前文所述,以科研目的而不是非法占有目的骗取科研资金,无法界定为诈骗罪。考虑到该类行为严重的社会危害性,笔者建议设立骗取科研资金罪。由于这种行为的目的并非是将资金占为已有肆意挥霍,主观恶性相对较小,所以其法定刑设计要比普通诈骗罪轻。鉴于此,刑法条文可设计为:

第××条　以科研为目的,采用虚假申报材料或者虚假科研成果骗取科研资金,数额较大的,处拘役,并处或单处罚金;数额巨大的,处三年以下有期徒刑,并处或单处罚金;数额特别巨大的,处三年以上七年以下有期徒刑,并处或单处罚金。

(二)滥用科研资金罪

如前文所述,挪用资金罪和挪用公款罪之犯罪主体都有特殊要求,因此科研人员不属于科研资金管理单位的情况下,我国目前没有专门的刑法规范进行整治。因此,笔者建议专门设立滥用科研资金罪,其犯罪主体既可以是科研资金管

理单位的成员,也可以是对科研资金有使用权的外单位人员。在主观上,挪用资金罪和挪用公款罪都要求行为人是挪用的目的而不能以非法占有为目的,否则构成贪污罪或者职务侵占罪,但滥用科研资金罪与此并不相同。假如行为人以非法占有目的挪用科研资金,仍然可以构成滥用科研资金罪。具体法条可设计为:

第××条　科研资金的使用人将科研资金挪做他用,超过六个月未还或者据为己有,数额较大的,处三年以下有期徒刑或者拘役;数额巨大的,处三年以上七年以下有期徒刑;数额特别巨大的,处十五年以下有期徒刑。

(三)科研评价人员渎职罪

在职称评审、项目申报评选、项目中期检查以及结项的过程中,科研评价审核人员的监督、管理、评价是否到位,对研究者的研究行为有着重大影响。因此,为了根治科研不端行为,有必要对科研评审人员的评价行为进行法律监督,特别是刑法监督。但是,就目前我国刑法现有规定来看,渎职罪的主体是"国家机关工作人员",受贿罪的主体是"国家工作人员",非国家工作人员受贿罪的主体是"公司、企业或其他单位人员"。在犯罪主体上,上述三种犯罪都要求行为人属于某一单位职工。但实践中,科研评价人员一般都是临时组织的相关专家学者,他们甚至来自不同的职业、不同的单位,是否属于某一固定单位尚有疑问。即使少部分科研评价人员符合上述三种犯罪的主体要求,在行为方式的认定上也有很大问题。

另外,考虑到受贿类犯罪本质上也是一种亵渎职务的犯罪,而且1979年刑法本是将受贿类犯罪与渎职类犯罪规定在同一罪名中。为了立法的简洁,本人建议在刑法中增设科研评价人员渎职罪,其中包括科研评价人员索取收受贿赂的行为。刑法条文可设计为:

第××条　科研评价主体滥用职权、玩忽职守,严重扰乱科研评价秩序或者造成其他严重后果的,处三年以下有期徒刑或拘役。

科研评价过程中徇私舞弊,索取或者收受他人贿赂,严重扰乱科研评价秩序的,按照上述规定定罪处罚。

（四）从事违禁研究活动罪

从世界各国来看,很多国家都对违禁的科研活动进行了刑事方面的立法。比如,日本2001年4月开始实施的《克隆技术限制法》全面禁止制造有损于人类尊严的克隆人,违者将被处10年以下劳役或1000万日元以下罚款。[①] 澳大利亚2002年就专门出台了《禁止克隆人法案》,将故意克隆人类胚胎、进口或出口克隆的人类胚胎的行为明确列为犯罪行为,并规定这类犯罪的最高量刑可达到15年有期徒刑。不仅如此,该法案还将通过受精以外的方式生产或培养人类胚胎、非以妇女受孕为目的创造人类胚胎以及创造或培养包含有多于两人提供的基因内容的人类胚胎等明文规定为犯罪,并规定这类犯罪的最高量刑为有期徒刑10年。[②] 德国和奥地利等刑法也对核材料的开发、利用等进行了严格的刑事立法。为了使我国签署的国际公约能够得到更好的履行,同时为了避免有害的研究活动危害全人类,中国也有必要制定专门犯罪规范有危险性的研究活动。因此,笔者建议设立从事违禁研究活动罪,具体条文设计如下:

第××条:擅自进行核爆炸、生殖性克隆等国家禁止的研究、试验活动,情节严重或者造成严重后果的,处三年以下有期徒刑,并处或单处罚金;情节特别严重或者造成巨大严重后果的,处七年以下有期徒刑,并处罚金;造成特别巨大严重后果的,处十五年以下有期徒刑或者无期徒刑,并处罚金或者没收财产。

（五）科研不端助势罪

由于科研成果市场的需要,这几年我国催生了许多以撰写论文、发表论文以

---

① 王代同:《克隆人争议何时休》,载《科技日报》2001年9月13日,第1期。

② 《澳大利亚2002年禁止克隆人法案》,谢广宽、丛亚丽、胡林英译,载《法律与医学杂志》2004年第1期。

及帮助申请科研项目为业的机构、组织和个人。这些单位或者个人可以联系专业写手代写论文、联系期刊杂志社代为发表,或者联系出版单位代为出版发行,还可以帮助他人申请科研项目等。上述非法中介组织和个人的经营行为对科研不端起到了推波助澜的作用,严重挑战了科研诚信,扰乱了科研秩序。笔者从德日刑法中的“现场助势罪”①获得灵感,建议在我国刑法中设立科研不端助势罪,以打击那些专门组织、助力科研不端活动的单位或个人。建议刑法条文设计如下:

第××条:多次介绍、组织、协调科研不端活动,情节严重的,处三年以下有期徒刑或者拘役,并处或者单处罚金;情节特别严重或造成其他严重后果的,处三年以上七年以下有期徒刑,并处罚金。

单位犯前款罪的,对单位判处罚金,并对其直接负责的主管人员和其他直接责任人员,依照前款的规定处罚。

① 现场助势罪是指,在发生伤害罪或者伤害致死罪的现场,实施煽动性动作或语言,助长了凶手的声势,虽然没有亲自伤害他人,但仍应承担刑事责任的犯罪。参见[日]大冢仁:《刑法概说各论》,冯军译,中国人民大学出版社2003年版,第46页。

第四章　“认罪认罚从宽”实体法研究

党的十八届四中全会通过的《中共中央关于全面推进依法治国若干重大问题的决定》明确提出要“完善刑事诉讼中认罪认罚从宽制度”。2016 年 9 月 3 日，全国人大常委员会做出了《关于授权最高人民法院、最高人民检察院在部分地区开展刑事案件认罪认罚从宽制度试点工作的决定》（以下简称《授权决定》）；2016 年 11 月 16 日，最高人民法院、最高人民检察院、公安部、国家安全部、司法部联合发布了《关于在部分地区开展刑事案件认罪认罚从宽制度试点工作的办法》（以下简称《试点办法》）。《授权决定》和《试点办法》，明确了“认罪认罚从宽”的法源，同时也一致强调，在实践中要把握好效率与公平的关系。理解好实体法，确保“认罪认罚”案件能够得到公平处理，是追求办案效率的前提和基础。因此，实体法上，如何认识“认罪认罚从宽”至关重要。

同时，认罪认罚从宽制度是在刑事速裁程序试点基础上推进的，并且将刑事速裁程序作为其中的一部分继续进行试点。认罪认罚从宽制度与刑事速裁程序在精神实质上具有延续性，可以借鉴和吸收先前刑事速裁程序试点中的经验、教训。[①] 另外，我们还要看到，“认罪认罚从宽”制度适用的范围比刑事速裁程序适用的犯罪范围有了大幅度扩张。理论上讲，所有案件都可能适用认罪认罚从宽制度。鉴于“认罪认罚从宽”制度对以往的刑事诉讼进行了重大变革，适用范围大、影响力广，“认罪认罚从宽”制度在试点中可能出现新的问题。因此，本书将深入研究“认罪认罚从宽”的实体法含义，以期完善相关立法、指导司法实践。

① 有学者基于先前刑事速裁程序试点情况对认罪认罚从宽制度的运行进行了预测性分析，有一定的启发意义。参见陈瑞华：《“认罪认罚从宽”改革的理论反思——基于刑事速裁程序运行经验的考察》，载《当代法学》2016 年第 4 期。

第一节　“认罪”的理解与适用

一、“认罪”的法源与基本含义

我国第一次明确提出“认罪”，是在2003年最高人民法院、最高人民检察院、司法部《关于适用普通程序审理“被告人认罪案件”若干意见(试行)》中。该意见第1条规定“被告人对被指控的基本犯罪事实无异议，并自愿认罪的第一审公诉案件，一般适用本意见审理”。尽管这一司法解释现已失效，但较长一段时间内，“指控犯罪事实无异议说”成为认罪概念的通说。[①] 目前，关于“认罪”的含义，我国《刑法》和《刑事诉讼法》都没有明确规定；与之相关的自首、坦白规定，对我们理解“认罪”有着重大借鉴意义。同时，2017年最高人民法院《关于常见犯罪的量刑指导意见》，也有“当庭自愿认罪”从宽的规定。

自首、坦白、“当庭自愿认罪”与“认罪认罚从宽”案件的中的“认罪”关系，是值得探讨的问题。有论者认为，“根据法律的语境解读，‘认罪’作为一种广义的概念，其理应包含刑法中规定的‘坦白’与‘自首’以及其他可能之情形。”[②]这种观点应该是将认罪认罚中的“认罪”，理解为最广义的“认罪”概念。

① 熊选国：《〈人民法院量刑指导意见〉与“两高三部”〈关于规范量刑程序若干问题的意见〉理解与适用》，法律出版社2010年版，第151～152页。

② 陈卫东：《认罪认罚从宽制度研究》，载《中国法学》2016年第2期。

此外,全国人民代表大会常务委员会的《授权决定》指出,“对犯罪嫌疑人、刑事被告人自愿如实供述自己的罪行,对指控的犯罪事实没有异议,同意人民检察院量刑建议并签署具结书的案件,可以依法从宽处理。”这对于我们理解“认罪”,也有重要启示意义。根据这一规定,笔者认为:“认罪”是指“犯罪嫌疑人、刑事被告人自愿如实供述自己的罪行,对指控的犯罪事实没有异议”。

二、“认罪认罚从宽”案件中的“认罪”与“当庭自愿认罪”关系

最高人民法院《关于常见犯罪的量刑指导意见》(以下简称《指导意见》)第7条规定“对于当庭自愿认罪的,根据犯罪的性质、罪行的轻重、认罪程度以及悔罪表现等情况,可以减少基准刑的10%以下。依法认定自首、坦白的除外。”这一表述表明两点:第一,有自首、坦白情节的,当庭自愿认罪是应有之义,但由于自首、坦白是刑罚规定的法定从宽量刑情节,因此,《指导意见》将这里的“当庭自愿认罪”限定于自首、坦白之外的“认罪”;第二,这里的“当庭自愿认罪”,《指导意见》将其专门作出规定,已经由原来的酌定量刑情节上升为司法解释规定的量刑情节。

笔者认为,基本含义方面,当庭自愿认罪,应该是指被告人当庭自愿承认被指控的犯罪。这里有三个要素要重点考虑:第一,要在法院审理时当庭作出;第二,要自愿做出;第三,要承认被指控的犯罪。而“认罪认罚从宽”案件中的“认罪”,依据《授权决定》和《试点办法》,大体上是指“犯罪嫌疑人、刑事被告人自愿如实供述自己的罪行,对指控的犯罪事实没有异议”。可见,“当庭自愿认罪”与“认罪认罚从宽”案件中的“认罪”,二者在自愿性上一致,在对被指控的犯罪事实无异议方面也一致。不同点有三:第一,“认罪认罚”案件中的“认罪”,从法源上看,应该是立法机关明确规定从宽处罚情节,而“当庭自愿认罪”是最高人民法院将原来的酌定量刑情节上升为司法解释规定的量刑情节,前者从法律位阶

上看,效力更大;第二,从适用诉讼阶段看,“认罪认罚”案件中的“认罪”,在侦查阶段、审查起诉阶段、审判阶段,都可以适用;而“当庭自愿认罪”,只在审判阶段考虑适用从宽规;第三,从基本内涵来看,“认罪认罚”案件中的“认罪”,不仅仅要考虑有无对指控犯罪事实无异议的情况,还要考虑“如实供述自己罪行”的因素;“当庭自愿认罪”,只考察被告人当庭自愿承认被指控的犯罪一个因素即可。总体而言,前者包含了主动认罪、也包含了被动认罪的情形,后者只是消极的接受指控的犯罪。因此,“认罪认罚”案件中的“认罪”与“当庭自愿认罪”中的“认罪”,反映出的行为人的悔罪态度和人身危险性程度是不同的。

三、“如实供述罪行”与“对指控的犯罪事实没有异议”的关系

有论者认为,根据《试点办法》的规定,二者是一种并列的、或然的关系,即行为人只要“自愿如实供述自己的罪行”或者“对指控的犯罪事实没有异议”,满足其中一个条件,就可以构成“认罪”。如有论者表示,“根据该规定,犯罪嫌疑人、被告人的认罪形式有两种:一是主动供述罪行,二是被动承认犯罪事实。”①

笔者对上述观点持肯定意见。按照这一思路,实践中,在“供述自己的罪行”方面,有可能出现三种情况:如实供述、虚假供述、沉默不供述;“对指控的犯罪事实”态度,可能有两种情况:有异议、无异议。② 现在将上述情况用表格进行排列组合。

① 董坤:《认罪认罚从宽制度下“认罪”问题的实践分析》,载《内蒙古社会科学》2017 年第 5 期。

② 笔者在此将“对指控的犯罪事实没有异议”,理解为肯定指控;将对指控沉默不语的情况,纳入否定指控的范围。司法实践中,我们要求犯罪嫌疑人、被告人在有关文书上签署的“无异议”,均是在这个意义上使用的。

表2 供述罪行情况、对指控的犯罪事实态度与“认罪”是否成立的关系

序号	供述自己的罪行	对指控的犯罪事实	结论
A	如实供述	无异议	认罪、从宽幅度大
B	如实供述	有异议	实践中不存在
C	虚假供述	无异议	认罪、但从宽幅度小
D	虚假供述	有异议	不认罪,态度恶劣
E	沉默不供述	无异议	认罪
F	沉默不供述	有异议	不认罪

通过表2,笔者发现,如果认为行为人主动“自愿如实供述自己的罪行”或者被动“对指控的犯罪事实没有异议”,满足其中一个条件,就可以构成“认罪”,那么:

A种情况:犯罪嫌疑人、被告人如实供述自己的罪行,同时对指控的犯罪事实持肯定的态度,可构成“认罪”,反映其人身危险性小,从宽处罚的幅度应该大一些。D种情况:犯罪嫌疑人、被告人虚假供述自己的行为,对指控的犯罪事实有异议,说明犯罪嫌疑人、被告人人身危险性大,没有悔罪表现,认罪态度差,不属于“认罪”。F种情况:犯罪嫌疑人、被告人沉默不供述自己的犯罪行为,对指控的犯罪事实有异议,也反映了犯罪嫌疑人、被告人没有认罪的态度,不属于“认罪”。上述三个结论应该没有争议。

B种情况:“如实供述自己的罪行”与“对指控的犯罪事实”有异议,司法实践中有可能同时存在吗?笔者认为,B种情况,二者在表述上都有一个“实”字;对于犯罪事实,是确定的、唯一的,二者理应一致。然而,B种类型却出现了完全相反、不一致的情况。因此,这种情况,现实中是不可能发生的。

C种情况:虚假供述自己的罪行与对指控的犯罪事实持肯定的态度,二者也是矛盾的,但司法实践中有可能会发生。比如犯罪嫌疑人先是不如实供述自己的罪行,后又在某个诉讼阶段表示承认对犯罪事实的指控,反映了犯罪嫌疑人、被告人由一开始抗拒、抵制司法机关到最后服法、承认司法机关指控的矛盾心理过程。为了激励犯罪嫌疑人、被告人悔罪,激励他承认错误,这种情形也应该认定为"认罪",但与一开始就如实供述自己的罪行并对指控的犯罪事实不持异议的情况相比,量刑上从宽的幅度要小一些。

E种情况:犯罪嫌疑人、被告人沉默,不供述自己的犯罪事实,但对指控的犯罪事实无异议,说明其人身危险性小,有一定的悔罪表现,也可以认为犯罪嫌疑人、被告人属于"认罪"。

有论者认为,"犯罪嫌疑人、刑事被告人自愿如实供述自己的罪行"与"对指控的犯罪事实没有异议"意思重合,第二个表述意义不大。比如,有论者认为,"认罪认罚从宽制度中的认罪,就是'自愿如实供述自己的罪行'(简称认事),认罪的实质或核心要素是客观供述所犯罪行,认罪即认事或承认犯罪事实,除此之外,不应给认罪附加任何冗余的内容。"[①]"如实供述"与"没有异议"是没有实质区别的。[②] 笔者不能认同这种观点。如果二者没有区别,自首与坦白中都有"认罪"的规定,那么,"认罪认罚从宽"制度的"认罪"就仅包括自首的认罪和坦白的认罪。而自首与坦白已经属于法定从宽量刑情节。如此,则缩小了"认罪"的范围,大大削弱了"认罪认罚从宽"制度的适用可能性,在一定程度上有虚设之嫌。上述论者自己也认为"认罪认罚从宽"与自首、坦白在"认罪"方面是重合的。"自首制度、坦白制度与认罪认罚从宽制度不仅在内涵、外延上有所重合,而且基本目的都包括降低刑事办案成本,提高刑事诉讼效率,三种制度中的'如实供述自己的罪行'的构成要件相同,认定标准一致。"如果这样理解,我们目前进行的"认罪认罚从宽"试点,似乎在"认罪"方面没有突破,只是在"认罚从宽"方面进行了有创新意义的改革,这明显有违"认罪认罚从宽"制度改革的初衷。

---

① 黄京平:《认罪认罚从宽制度的若干实体法问题》,载《中国法学》2017年第5期。

② 黄京平:《认罪认罚从宽制度的若干实体法问题》,载《中国法学》2017年第5期。

四、“认罪”与自首、坦白的关系

如前所述,认定是否属于“认罪认罚从宽”中的“认罪”,需要满足下述两个条件之一即可:其一,“犯罪嫌疑人、刑事被告人自愿如实供述自己的罪行”;其二,“对指控的犯罪事实没有异议”。而依据刑法,自首和坦白的成立,也需要有“如实供述自己的罪行”这一要件。根据《刑法》有关规定,自首是主动归案,如实供述司法机关尚未掌握的本人非同种罪行;坦白是被动归案,如实供述司法机关已经掌握的罪行。因此,认罪认罚案件中的“认罪”,囊括了自首中的“认罪”和坦白中的“认罪”。在上表中,实际上就是A情况。而C、E两种情况,属于认罪的第三种形式。

与之相关的问题是,如果A情况的“认罪”等同于自首、坦白,那么这种情况的“认罪认罚从宽”与自首、坦白的从宽,是否完全一样呢?答案是否定的。自首、坦白的犯罪嫌疑人、被告人虽然一定有“认罪”的情形,但不一定都“认罚”。因此,A种情况的“认罪认罚从宽”有其独立的意义。通过这种“认罪认罚从宽”制度的设计,可以简化诉讼程序、优化资源配置、强化司法效率,这是自首、坦白不具备的功能。

五、“认罪”中“罪”的具体内容厘定

“认罪”中“罪”的内容包括哪些?是否包括承认“罪的成立”、“罪的性质”等法律评价内容?

目前,认罪中的“罪”,包括“罪行事实”,在学界似乎没有异议。比如,有论者认为,“认罪首先是对自己罪行的承认。当犯罪事实是单一事实时,只需承认

基本犯罪事实;当犯罪事实是多起事实时,要求对全案事实予以承认”。①

但是否包括“罪的成立”、“罪的性质”等法律评价,有争论。比如,有论者认为“认罪还要求犯罪嫌疑人、被告人认可其行为构成犯罪。”“从特殊预防的角度来看,只有认识到行为构成犯罪才具有从宽正当性。如果行为人仅仅承认实施了被指控的行为,却不认可其行为构成犯罪,说明其对行为的危害性和违法性认识不足,再犯的可能性要大,缺乏从宽的正当性。”“这也使认罪认罚与自首、坦白区别开来。一般认为,自首、坦白都是认罪认罚的表现形式。但是,自首和坦白制度主要是为了鼓励行为人主动交代犯罪事实,更多的是出于对事实真相的追求,行为人对法律适用的辩解不影响自首和坦白的认定。而认罪认罚从宽制度更注重的是对诉讼效率的追求,期冀通过对认罪认罚案件适用简化程序提高诉讼效率。”②笔者认为上述观点是有道理的。这从“认罪认罚”整体设计来看,更容易理解。我们尽管可以单独对“认罪”、“认罚”进行研究分析,但“认罪认罚”是一个整体制度设计,《授权决定》和《试点办法》从未将“认罪”单独作为量刑的情节。因此,理解“认罪”,不能离开“认罚”。从逻辑上看,“认罪”是“认罚”的前提和基础,“认罪”当然包括承认自己行为的有罪性。如果认为自己的行为不构成犯罪,怎么能够“认罚”呢?不“认罚”,如何能够适用“认罪认罚从宽”制度呢?

认罪是否包括承认司法机关指控的罪名呢?普遍的观点是持否定态度。“认罪不包括被追诉人对自己行为性质(罪名、犯罪形态等)的认识”③如果不包括,为什么《试点办法》第10条第1款第1项还专门规定,在审查起诉过程中,人

① 邵劭:《论认罪认罚从宽制度的完善》,载《杭州师范学院学报》(社会科学版)2017年第4期。

② 邵劭:《论认罪认罚从宽制度的完善》,载《杭州师范学院学报》(社会科学版)2017年第4期。

③ 陈光中、马康:《认罪认罚从宽制度若干重要问题探讨》,载《法学》2016年第8期。

民检察院应当将指控的罪名及适用的法律条款、听取犯罪嫌疑人及其辩护人或者值班律师的意见等情况,记录在案并附卷呢?笔者认为,人民检察院将指控的罪名、适用的条款以及犯罪嫌人的意见等记录在案,不代表犯罪嫌疑人一定要肯定检察院指控的罪名。同意对罪名的指控、不同意罪名的指控,都可以记录在案,以供人民法院在审判案件时予以综合考虑认定。也就说,人民检察院听取犯罪嫌疑人的意见,是审查起诉程序的需要和义务,同意或者不同意司法机关的指控,是犯罪嫌疑人的权利。不应该将不同意司法机关指控的罪名,理解为不认罪。因此,即便在卷宗中、在“认罪认罚具结书”中载明犯罪嫌疑人不同意指控的罪名,仍然可以按照“认罪认罚”案件处理。

第二节　“认罚”的理解与适用

一、“认罚”的基本含义厘定

“认罚”,在法律文件中似乎还没有明确统一的界定。在学界,有论者认为:“认罚是指行为人自愿接受刑罚处罚。这里的‘接受刑罚处罚’只是一个抽象的、一般的观念,并不要求行为人对可能接受的刑罚处罚的刑种以及期限具体的认可。”①但是,这一界定,与《授权决定》和《试点办法》相左。

从《授权决定》和《试点办法》的表述来看,“同意人民检察院量刑建议并签署具结书”,似乎是对“认罚”的解释。但仅仅用这句话来解释“认罚”并不准确。特别是整体、系统地来看《试点办法》,无论是在侦查阶段、审查起诉阶段,还是法院审判阶段,都提到了“认罪认罚”。如果犯罪嫌疑人在侦查阶段如实供述了自己的罪行,对移送审查起诉时指控的犯罪事实也没有异议(也就是“认罪”),但不“认罚”,这个时候,侦查机关显然不能将本案当作“认罪认罚”案件处理。

笔者认为,“认罪认罚”中的“认罚”,在不同诉讼阶段,应该有不同的认定标准。

在侦查阶段,“认罚”应该是指犯罪嫌疑人在如实供述自己罪行基础上,概括地表示愿意承担未来的刑事责任。侦查阶段的主要任务,是发现和收集有关

① 韩红、谢思淼:《认罪认罚从宽制度的实体法思考》,载《学习与探索》2017 年第 1 期。

案件的各种证据，查明犯罪事实等，对于犯罪嫌疑人未来将要承担什么样的刑事责任，侦查机关仅需做出概括判断。因此，犯罪嫌疑人只要概括地表示愿意承担未来的刑事责任即可。是否愿意承担未来的刑事责任，不仅要考察犯罪嫌疑人的主观意愿，还要考察犯罪嫌疑人的客观行为，要主客观相统一地判断。比如，有的犯罪嫌疑人虽然口头承诺愿意接受未来的刑事责任，但私下却隐匿、转移财产，以期逃避未来的财产刑，就不能认定犯罪嫌疑人“认罚”。

鉴于在审查起诉阶段，“认罚”应该是指犯罪嫌疑人在如实供述自己罪行基础上，明确同意人民检察院的量刑建议并签署具结书。审查起诉阶段，审查起诉部门需要对案件的事实、证据以及适用法律等问题进行全面审查。这一阶段，人民检察院对案件的犯罪事实、适用法律等已经具有比较明确的把握。这就要求，犯罪嫌疑人的“认罚”标准应该更加具体。《试点办法》也很好地印证了上述观点。依据《试点办法》第 10 条，人民检察院在审查起诉时，要就“从轻、减轻或者免除处罚等从宽处罚的建议”、“认罪认罚后案件审查适用的程序”等，“听取犯罪嫌疑人及其辩护人或者值班律师的意见，记录在案并附卷”；“同意量刑建议和程序适用的，应当在辩护人或者值班律师在场的情况下签署具结书”。《试点办法》第 11 条第 2 款规定：“量刑建议一般应当包括主刑、附加刑，并明确刑罚执行方式。可以提出相对明确的量刑幅度，也可以根据案件具体情况，提出确定刑期的量刑建议。建议判处财产刑的，一般应当提出确定的数额。”

“不追究刑事责任的不起诉”与“不构成犯罪的不起诉”，对犯罪嫌疑人而言法律后果不同。两者相比，“不追究刑事责任的不起诉”对犯罪嫌疑人明显不利。因此，在审查起诉阶段，如果犯罪嫌疑人对“不追究刑事责任的不起诉”有异议，是否属于不“认罚”呢？答案是否定的。尽管这里的“罚”不应该简单地理解为刑罚，而要在程序意义和实体意义两个方面把握。但是，犯罪嫌疑人对“不追究刑事责任的不起诉"有异议的根本原因,一般都是认为自己的行为根本不构成犯罪,这是对自己行为性质的判断,属于认罪的范畴。如果人民检察院基于犯罪嫌疑人"认罪认罚"从宽,才作出"不追究刑事责任的不起诉",那么,"认罪"的犯罪嫌疑人应该不会对此提出意义;如果提出了异议,则说明犯罪嫌疑人对"认罪"行为反悔了。因此,人民检察院在适用"认罪认罚"从宽制度、决定对犯罪嫌疑人"不起诉"的,要慎重处理、做细做实。公安司法机关在处理这类案件时,要特别注意,"认罪认罚从宽"制度有一个最基本的适用前提,就是公安司法机关、犯罪嫌疑人都必须认为犯罪嫌疑人涉嫌犯罪,如果没有这一基本前提,这一案件就不能够纳入"认罪认罚从宽"制度框架内考虑。换言之,无论在哪一诉讼阶段,无论是犯罪嫌疑人还是公安司法机关,如果认为犯罪嫌疑人的行为根本不构成犯罪,就应该立即停止适用"认罪认罚从宽"制度,按照普通案件开展诉讼活动。《试点办法》第 2 条很好地印证了这一观点。《试点办法》第 2 条规定,"具有下列情形之一的,不适用认罪认罚从宽制度:……(三)犯罪嫌疑人、被告人行为不构成犯罪的……"犯罪嫌疑人对因"认罪认罚"从宽而"不起诉"有异议的,说明犯罪嫌疑人对"认罪"反悔。对这种不起诉决定,刑事诉讼法应该限制犯罪嫌疑人申诉。

审判阶段,法院认定被告人是否"认罚",要全面、具体地认定。一是要全面审查,包括各个诉讼阶段犯罪嫌疑人、被告人是否"认罚"、"认罚"是否自愿、认罪认罚具结书的真实性和合法性等。二是要具体审查,针对被告人可能要判处的刑罚(包括刑罚种类、幅度和执行方式),具体分析被告人是否真正认罚,不能仅凭具结书匆忙做出被告人"认罚"的结论。

二、民事赔偿、适用简化程序态度等对"认罚"的影响

犯罪嫌疑人、被告人是否与被害人达成和解协议,对民事赔偿的态度,对适

用简化程序的态度，是否退赔退赃等，能否影响“认罚”的认定？

有论者认为，“认罚”应当理解为犯罪嫌疑人、被告人在认罪的基础上自愿接受所认之罪在实体法上带来的刑罚后果；在程序上，“认罚”应当包含对诉讼程序简化的认可，即放弃其在普通程序中所具有的部分法定诉讼权利，同意通过适用克减部分如法庭调查与辩论等诉讼环节的诉讼权利来对自己定罪量刑。另外，犯罪后嫌疑人的退赃退赔也应当是“认罚”中的应有之义，认罪认罚制度需要体现犯罪嫌疑人的悔罪性，而积极主动的退赃退赔、弥补已经造成的损失正是悔罪性的体现。①

笔者认为，犯罪嫌疑人、被告人是否与被害人达成和解协议，对民事赔偿的态度等，不影响“认罚”的认定。首先，和解协议、民事赔偿等在诉讼中的证明标准与刑事诉讼相比较低，如果将这些纳入“认罚”成立的条件，无形中增加了“认罚”成立的门槛。其次，《试点办法》第 7 条规定：“办理认罪认罚案件，应当听取被害人及其代理人意见，并将犯罪嫌疑人、被告人是否与被害人达成和解协议或者赔偿被害人损失，取得被害人谅解，作为量刑的重要考虑因素。”从《试点办法》第 7 条的规定来看，达成和解协议情况、赔偿被害人损失等，已经作为单独的量刑情节予以考虑，因此不宜再将其做为“认罪认罚”的认定条件；最后，将民事责任承担和解决的方式与刑事诉讼中的“罚”混为一体，会大大削弱刑事诉讼的严肃性。

笔者认为，犯罪嫌疑人对适用简化程序的态度，不能影响“认罚”的认定。尽管“认罪认罚”制度，有简化诉讼程序、提高刑事办案效率的目的，但效率和公平二者不可偏废。如果将适用简化程序作为认定“认罪认罚”的一个条件，有牺牲程序公正一味追求办案效率的嫌疑。实际上，从《试点办法》来看，强调“认罪认罚”案件，是“可以”适用速裁程序或者简易程序，并不是“应当”适用。这也说明，同意适用简化程序，并不是认定“认罚”的条件。《试点办法》第 16 条规定：

① 陈卫东：《认罪认罚从宽制度研究》，载《中国法学》2016 年第 2 期。

"对于基层人民法院管辖的可能判处三年有期徒刑以下刑罚的案件,事实清楚、证据充分,当事人对适用法律没有争议,被告人认罪认罚并同意适用速裁程序的,可以适用速裁程序……"第18条规定:"对于基层人民法院管辖的可能判处三年有期徒刑以上刑罚的案件,被告人认罪认罚的,可以依法适用简易程序审判……"这两条规定只能说明,适用速裁程序需要被告人同意,适用简易程序无须被告人同意。但被告人对简化程序的态度,不影响"认罚"的认定。笔者调研的广州市就是这样来处理的,笔者认为是正确的。广州市《关于开展刑事案件认罪认罚从宽制度试点工作实施细则》第3条第2款规定:犯罪嫌疑人、被告人不同意适用速裁程序、简易程序、普通程序简化审理的,不影响"认罚"的认定。

笔者认为,退赃退赔,是犯罪嫌疑人、被告人"认罪认罚"的成立条件。退赃,是指犯罪嫌疑人、被告人将犯罪所得的赃款或赃物,直接退还被害人或上缴司法机关的行为;退赔,是指因犯罪所得的赃物已被非法处置或损毁而无法退还被害人原物,犯罪嫌疑人、被告人采取折价方式直接赔偿被害人或上缴司法机关的行为①。结合退赃退赔的含义,现将退赃退赔是犯罪嫌疑人、被告人"认罪认罚"成立条件的理由阐述如下:其一,赃款赃物是犯罪的所得及其收益,其数额大小去向等,是犯罪事实的重要组成部分,如果犯罪嫌疑人、被告人不如实供述,很难认定其已经"认罪";其二,赃款赃物的数量基本确定,不像赔偿的数额等往往有争议或需要纷繁复杂的计算;其三,赃款赃物,在刑事诉讼中是必须要解决的问题。我国《刑法》第64条规定,犯罪分子违法所得的一切财物,应当予以追缴或者责令退赔;对被害人的合法财产,应当及时返还;违禁品和供犯罪所用的本人财物,应当予以没收。因此,退赃退赔、上交违禁品和犯罪所用的本人财物,应该是"认罚"的前提条件。

---

① 熊选国主编:《〈人民法院量刑指导意见〉与"两高三部"〈关于规范量刑程序若干问题的意见〉理解与适用》,法律出版社2010年版,第155~159页。

第三节 “从宽”的理解与适用

一、“从宽”的基本含义厘定

我国的“认罪认罚从宽”制度，和以美国为代表的控辩交易制度相比，明显不同，这在学界已有普遍共识。“控辩交易制度指当事人和检察官之间协商、谈判后达成的一种契约行为，在被追诉人认罪的前提下，对被追诉人降低或减少指控罪名，对证据的处理一般是协商后的降格处理；法官以被追诉人的自愿性认罪为基础，可不经过对案件事实部分的审理，直接对案件进行宣判。”①也就是说，控辩交易制度，是可以对罪数以及某些犯罪事实进行“讨价还价”的。而我国的刑事诉讼，是要严格遵守罪刑法定原则的，没有例外性制度设计。任何犯罪的性质、数量，都不能进行“交易”，“认罪认罚从宽”制度也不例外。因此，这里的从宽，并不包括犯罪认定上的从宽。

那么，这里的从宽，是否仅仅指量刑从宽呢？有论者认为，认罪认罚的从宽，体现为量刑从宽。② 也有论者认为，“从宽应该包含程序上的从简和实体上的从宽量刑，程序上从简从节约司法资源提高司法效率角度考虑。实体上的从宽量刑指法院在最终裁判结果上予以从轻、减轻或者免除处罚，以犯罪嫌疑人、被告

① 杨宇冠、刘曹祯：《辩诉交易制度简论》，载《人民检察》2016 年第 11 期。

② 李黎：《刑事案件认罪认罚从宽制度研究》，浙江大学 2017 年硕士学位论文。

人在刑罚处罚上的实体利益为考量标准。”①

笔者赞同“从宽”要从实体和程序两个方面考虑，但对实体“从宽”的含义，笔者有不同意见。“认罪认罚从宽”制度，目的是“为进一步落实宽严相济刑事政策，完善刑事诉讼程序，合理配置司法资源，提高办理刑事案件的质量与效率，确保无罪的人不受刑事追究，有罪的人受到公正惩罚，维护当事人的合法权益，促进司法公正”。为了实现这一目的，仅仅在实体处理上对犯罪人予以“优待”，力度是不够的。对“认罪认罚”案件，符合条件的，可以尽量采取比较轻缓的强制措施，适用简单程序以减少对犯罪嫌疑人、被告人的羁押时间等，对犯罪嫌疑人、被告人十分有利，体现了程序上“从宽”的属性。

正如有学者指出：“完整理解认罪认罚从宽制度中的从宽含义，确切把握其中的从宽措施的具体种类，应当以法律规范和刑事政策作为判定依据。全国人大常委会《决定》使用的规范用语是‘从宽处理’，而非‘从宽处罚’。进一步落实宽严相济刑事政策，是立法机关授权开展试点工作的目的之一。‘两高’《办法》强调，认罪认罚从宽制度试点，是依法推动宽严相济刑事政策具体化、制度化的重要探索。所以，透过最高司法机关的政策性规范文件，把握其中从宽政策的含义，尤其是具体从宽措施的种类，便是细化理解‘从宽处理’的必要步骤或环节。综合《最高人民检察院关于在检察工作中贯彻宽严相济刑事司法政策的若干意见》（以下简称《最高检政策意见》）和《最高人民法院关于贯彻宽严相济刑事政策的若干意见》（以下简称《最高法政策意见》）的相关具体规定，首先，宽严相济刑事政策中的从宽是含义丰富的‘从宽处理’，是包括实体性从宽措施和程序性从宽措施在内的‘从宽处理’。其次，从宽处理的各种措施，具体包括：非羁押性强制措施；相对不起诉；从简的诉讼程序；对具有法定、酌定从宽处罚情节的，予

① 郭一星、张红广、张传伟：《认罪认罚从宽制度的基本定位》，载 http://www.sdjcy.gov.cn/html/2017/jcyj_0208/15416.html，最后访问日期：2017 月 11 月 29 日。

以从轻、减轻或者免除处罚,包括适用缓刑或者判处管制、单处罚金等非监禁刑;适用《刑法》第 13 条但书规定,不作为犯罪处理。”①

笔者认为,上述论述是有道理的。从宽应该包含程序上的从简和实体上的从宽处理。之所以用“从宽处理”而不用“从宽量刑”,是因为实体上的“从宽”不仅仅包括量刑从宽,还包括侦查阶段的“撤销案件”、审查起诉阶段的“不起诉”、提起公诉的“量刑建议”等,这些处理案件的方式,对犯罪嫌疑人、被告人的实体利益都有重大影响。而程序上的从简,也不能简单地理解为诉讼程序的简化,还应该包括强制措施的轻缓、羁押时间的缩短等。比如,广州市《关于开展刑事案件认罪认罚从宽制度试点工作实施细则》规定,从宽是指依法从宽,包括强制措施从宽、量刑从宽和特定情形下处理从宽。该细则对“从宽”的理解,笔者认为是全面、正确的。

在诉讼程序从简的适用过程中,还有一些细节问题需要讨论。比如,实践中还可能会发生这样的情况:一开始犯罪嫌疑人认罪认罚,变更强制措施、取保候审或者监视居住后,又反悔了,不再认罪认罚,遇此情况,如何办理?又如,案件侦办初期,嫌疑人对侦查机关掌握的部分犯罪事实认罪认罚,并采取较宽松强制措施,但随着案件侦办的深入,侦查机关又发现嫌疑人新的犯罪事实,但嫌疑人对新的事实不认罪认罚,遇此情况,又将如何办理?广州海关缉私局为了明确上述问题的处理方式,在制定的《刑事案件认罪认罚从宽制度试点工作指引(试行)》中专门规定:“办理认罪认罚从宽案件,有下列情形之一的,在侦查阶段不再作认罪认罚从宽案件处理,对采取取保候审或监视居住强制措施的犯罪嫌疑人,证据充分的,可以提请人民检察院审查逮捕或移送人民检察院审查起诉,并

① 参见《最高法政策意见》第 14 条、第 20 条。需要注意的是,在《最高检政策意见》中,没有这种具体规定,即认为适用《刑法》第 13 条但书出罪是从宽处理的具体措施之一。理论界也有学者认为,依据《刑法》第 13 条但书等规定不作为犯罪处理,是认罪认罚从宽处理的具体措施之一。参见熊秋红:《认罪认罚从宽的理论审视与制度完善》,载《法学》2016 年第 10 期。

出具相关说明:(一)犯罪嫌疑人违背意愿认罪认罚的;(二)犯罪嫌疑人否认指控的犯罪事实的;(三)其他不适宜适用认罪认罚从宽制度的情况。”可见,该局已经将“认罪认罚”做为适用较缓和的刑事诉讼强制措施的重要考虑因素。这样处理,能够更好地体现“认罪认罚从宽”的基本理念和精神,对犯罪嫌疑人、被告人“认罪认罚”也是很好的激励。《试点办法》第6条也规定:“人民法院、人民检察院、公安机关应当将犯罪嫌疑人、被告人认罪认罚作为其是否具有社会危害性的重要考虑因素,对于没有社会危险性的犯罪嫌疑人、被告人,应当取保候审、监视居住。”可见,刑事诉讼强制措施的缓和,也是“从宽”的重要体现。不过,“认罪认罚”案件适用强制措施的条件,《试点办法》并没有突破刑事诉讼法已有的规定,也就是说,司法实践中,犯罪嫌疑人、被告人认罪认罚应当作为其是否具有社会危害性的重要考虑因素,加以考虑。

二、“从宽”量刑的幅度分析

“认罪认罚从宽”制度的量刑从宽幅度,要体现出制度的优越性和吸引力,必须在法律允许的范围内给予犯罪嫌疑人、被告人最大可能性的处遇优惠,即在该犯罪行为按照普通程序审理应当被判处罪名的量刑范围的下限附近对认罪认罚的犯罪嫌疑人、被告人作出处罚。”①笔者深以为然。实际上,《试点办法》的规定已经有所体现。

《试点办法》第22条规定,“对不具有法定减轻处罚情节的认罪认罚案件,应当在法定刑的限度以内从轻判处刑罚,犯罪情节轻微不需要判处刑罚的,可以依法免予刑事处罚,确实需要在法定刑以下判处刑罚的,应当层报最高人民法院核准。”对比我国刑法自首、坦白的处罚,可以发现:认罪认罚有“应当”从宽处罚的规定,而坦白和自首,仅仅是“可以”从宽处罚。“认罪认罚从宽”、“应当型”从

---

① 李黎:《刑事案件认罪认罚从宽制度研究》,浙江大学2017年硕士学位论文。

宽的制度设计,对刑法是一个重大突破。这使认罪认罚案件,从宽的确定性大大增加。这也是犯罪嫌疑人、被告人配合国家机关增强司法机关司法效力、简化诉讼程序的应有“回报”和重要激励。由于《试点办法》已经突破了《刑法》刑罚裁量的规定,因此有必要对《刑法》作出相应修正。

“认罪认罚”从宽的幅度,与自首、坦白相比,从宽幅度应否扩大呢?这也是犯罪嫌疑人、被告人普遍关心的问题。笔者认为,前文表中A情况的“认罪认罚”案件从宽的幅度,与自首、坦白相比,应该有所扩大。首先,从逻辑上分析,如前所述,自首、坦白也必然有“认罪”的情节,而“认罪认罚”还增加了“认罚”情节,这说明犯罪嫌疑人、被告人的人身危险性比单纯的“认罪”更低;其次,犯罪嫌疑人、被告人“认罪认罚”案件,还有简化诉讼程序、提高诉讼效率、节省司法资源的功效,自首、坦白是不具备的。因此,应然层面上,A类认罪认罚案件,对犯罪嫌疑人、被告人从宽的幅度应该更大。但《授权决定》和《试点办法》,似乎没有很好地体现这一点。因为依据《刑法》,对自首的犯罪分子,“可以从轻或者减轻处罚;犯罪较轻的,可以免除处罚”。坦白的,“可以从轻处罚;避免特别严重后果发生的,可以减轻处罚”。而认罪认罚案件,“在法定刑的限度以内从轻判处刑罚,犯罪情节轻微不需要判处刑罚的,可以依法免予刑事处罚,确实需要在法定刑以下判处刑罚的,应当层报最高人民法院核准。”差别之处在于,“认罪认罚案件”,减轻处罚的门槛过高,需要最高人民法院核准。解决这一问题的思路是:将A类认罪认罚案件,分为“自首并认罚”、“坦白并认罚”两种情形,在自首、坦白从宽处罚制度后,单独增设两款,变为“应当型”从宽处罚,并在司法解释——《人民法院量刑指导意见》中,扩大从宽的幅度。

对于前文表中所列的C种、E种“认罪认罚”案件,笔者统称为被动同意指控犯罪事实的“认罪认罚”案件。这种“认罪认罚”案件的从宽处理,在目前刑法典中没有明显体现。鉴于犯罪嫌疑人、被告人“认罪”的被动性,应该明显比A类认罪认罚案件从宽的幅度要小。

第四节　立法、司法建议和对策

一、刑法专门规定“认罪认罚”的必要性分析

有论者认为,“认罪认罚”制度,已经在刑法中有所体现。比如,“《办法》虽然将认罪认罚从宽称之为制度,但其内容是空泛的,基本上没有创设新的实体性从宽情形,其功能实现仍依赖于自首、立功、坦白、真诚悔罪、积极退赃、主动赔偿损失、达成刑事和解等已有的从宽制度……在将认罪认罚从宽视为更宏观的‘政策’而非具体制度的情况下,它是统领自首、立功等现有从宽制度的精神内核,推动这些制度得到更好地实施,而不是在现有的法定实体性从宽因素基础上再予以额外的从宽。”①

笔者认为,“认罪认罚从宽”制度,仅仅依靠现有的《刑法》规定的“自首”、“坦白”从宽,是不够的,某些情况,的确是现有实体法从宽基础上的额外从宽。第一,从《试点办法》的性质来看,它属于最高人民法院的司法解释,司法解释当然不能超过立法的原意,如果超过立法的原意,相当于重新立法,这毋庸置疑。但是,我们不能忽视,全国人大常委会颁布的《授权决定》,在性质上具有立法属性,《试点办法》的一部分内容,是对《授权决定》的解释,这只是权宜之计,不代表今后不能修改《刑法》;第二,《授权决定》非常明确地指出,在试点结束之时,

① 秦宗文:《认罪认罚从宽制度实施疑难问题研究》,载《中国刑事法杂志》2017 年第 3 期。

是要修改完善相关法律的。《授权决定》指出，“最高人民法院、最高人民检察院应当加强对试点工作的组织领导和监督检查，保证试点工作积极、稳妥、有序进行。试点进行中，最高人民法院、最高人民检察院应当就试点情况向全国人民代表大会常务委员会作出中期报告。试点期满后，对实践证明可行的，应当修改完善有关法律。”

也有学者认为，基于《授权决定》制定的《试点办法》，不是司法解释，是准立法性质的刑事法律规范。如此定位《试点办法》的性质，其中两个理由是：(1)《授权决定》在授权制定《试点办法》的同时，明确规定，“试点期满后，对实践证明可行的，应当修改完善有关法律；对实践证明不宜调整的，恢复施行有关法律规定。”这实际意味着《试点办法》的具体规定，就是突破既有刑事法律规定，或停止施行既有刑事法律规定而增设、调整的新规范。(2)与《授权决定》的前述精神完全一致，根据《试点办法》第 26 条的规定，《试点办法》的所有新规范，适用效力优于既有的刑事法律规定。这实际意味着《试点办法》与刑法、刑事诉讼法属于相同位阶的法律规范。①

无论《授权决定》具有立法性质，还是《试点办法》具有准立法性质，都说明，在“认罪认罚从宽”制度方面进行实体方面的立法，具有法理依据。鉴于此，笔者认为，《刑法》有必要单独对“认罪认罚”另行作出规定。

首先，“认罪认罚”案件中的“认罪”范围，已经超出了自首、坦白中“认罪”的范围。“认罪认罚”案件中的“认罪”，应该是一种广义的认罪。对于前文所述的 C 种、E 种被动同意指控的犯罪事实的“认罪认罚”案件，刑法从未有直接甚至间接的规定。

其次，如果不单独对被动同意指控的犯罪事实的“认罪”进行界定，仅依靠司法解释来处理，似乎有违罪刑法定原则。尽管将某些酌定量刑情节，通过司法

① 黄京平：《认罪认罚从宽制度的若干实体法问题》，载《中国法学》2017 年第 5 期。

解释的方式,上升为具有明确法律拘束力情节,是有先例可循的。比如,“当庭自愿认罪”原本是酌定量刑情节,最高人民法院《量刑指导意见》作为司法解释,将“当庭自愿认罪”从宽处罚提升到了法定量刑情节的高度,而并未对“认罪”含义在立法中加以规定。但如前所述,“当庭自愿认罪”与“认罪认罚”案件中的“认罪”,从基本含义、设立目的、对诉讼程序的影响、在刑事法治改革中的重要意义方面看,都不能相提并论。

再次,“认罪认罚”不仅涉及认罪范围调整问题,还涉及“认罚”量刑情节的性质问题。“‘认罚’这一概念在2014年党的十八届四中全会之前,无论在刑事实体法、程序法法律法规及其他规范性文件中,还是在司法实践中,都鲜有提及;而且,在案件审理或宣判之前,由犯罪嫌疑人或被告人同意人民检察院量刑建议并签署具结书这一做法也是首创,在《刑事诉讼法》中对该程序无任何相关规定。我们认为,如果要实施认罪认罚从宽制度,首先应当在立法上确认这一概念,尤其是‘认罚’的概念,”①笔者对上述观点深表赞同,如果不将“认罚”提升到法定量刑情节的高度,是不符合罪刑法定基本原则的。

最后,“认罪认罚从宽”制度,牵一发而动全身,对犯罪嫌疑人、被告人的权益具有根本性影响,对司法机关的权利义务分配、资源配置等具有全局性影响。具体而言,根据目前《授权决定》和《试点办法》,“认罪认罚从宽”制度,不仅涉及实体法问题,还与刑事诉讼的每一个诉讼阶段密切相关。《授权决定》和《试点办法》,是各试点地区临时适用的法律。全国人大常委会颁布的《授权决定》,在一定程度上弥补了《刑法》不足。如果《授权决定》最后在全国适用,《刑法》中却没有很好体现,有违反罪刑法定原则之嫌。因此,有必要在刑法典中对“认罪认罚从宽”作出明确规定。

---

① 魏东、李红:《认罪认罚从宽制度的检讨和完善》,载《法治研究》2017年第1期。

二、《刑法》规定“认罪认罚从宽”的具体立法建议

在《刑法》中规定认罪认罚从宽制度，有两种模式可供考虑：第一种是并列立法模式，即将自首、坦白与“认罪认罚”并列，作为第三种法定从宽量刑情节；第二种是将“认罪认罚”作为自首、坦白的补充立法模式，即将“认罪”分解到“自首”、“坦白”中，将“自首＋认罚”、“坦白＋认罚”作为自首、坦白从宽处罚的补充形式，作出单独规定；然后将没有自首、坦白情节，单纯承认指控的犯罪并认罚的情形，单独作出规定。

上述第一种立法模式，直接将“认罪认罚”与自首、坦白并列的观点，有些论者持肯定观点。比如，有论者建议在我国《刑法》当中增设认罪认罚从宽制度的特别条款，其可以作为第 67 条之一，并规定为：“被告人在检察机关提起公诉或者审判过程中，对检察机关和法院指控和认定的自己的基本犯罪事实表示认可，并自愿接受刑罚处罚的，可以从轻处罚。”①还有论者表示：“‘认罚’实际是‘认罪’的延伸和扩展，可以在刑法总则第四章‘刑法的具体运用’第三节‘自首和立功’中增加‘认罪认罚’的概念，并规定相应的刑罚从宽的幅度。”②笔者不同意这种立法模式。因为，只有自首、坦白没有认罚的，按照自首、坦白从宽处罚；自首、坦白又认罚的，如果按照自首、坦白已经从宽量刑一次，再按照“认罪认罚”从宽一次，实际上，对“认罪”部分进行了两次评价，违反了禁止重复评价原则；如果“认罪认罚”排除自首、坦白的适用，虽然对“认罪”进行了一次评价，但又将主动认罪的“认罪认罚”案件和被动“认罪认罚”的案件混为一谈，没有作出轻重有别的处理。因此，第一种立法模式不科学。

笔者建议用第二种模式对《刑法》进行修正。具体建议如下：

① 韩红、谢思淼：《认罪认罚从宽制度的实体法思考》，载《学习与探索》2017 年第 1 期。
② 魏东、李红：《认罪认罚从宽制度的检讨和完善》，载《法治研究》2017 年第 1 期。

在《刑法》第67条第2款之后，增加第3款："犯罪嫌疑人自首后，又自愿认罚的，应当从轻或者减轻处罚。其中，犯罪较轻的，应当免除处罚。"

将《刑法》第67条第3款修改为："犯罪嫌疑人虽不具有第一款、第二款规定的自首情节，但是如实供述自己罪行的，是坦白。对于坦白的犯罪分子，可以从轻处罚；因坦白避免特别严重后果发生的，可以减轻处罚。"此款作为《刑法》第67条第4款。

在《刑法》第67条第3款之后，增加一款，作为第5款，即"犯罪嫌疑人坦白后，又自愿认罚的，应当从轻处罚；因坦白且自愿认罚，避免特别严重后果发生的，应当减轻处罚。"

在《刑法》第67条第5款之后，增加一款，作为第6款："没有自首、坦白情形，但对指控的犯罪没有异议并且认罚的，可以从轻处罚。"

三、建议司法实践对"认罪认罚"情节进行分级量刑激励

我们知道，犯罪嫌疑人、刑事被告人认罪认罚，既包括侦查阶段的认罪认罚，也包括审查起诉、审判阶段的认罪认罚。那种认为"侦查阶段一般不适用认罪认罚从宽制度"、"认罪认罚从宽制度的启动程序应主要始自检察院审查起诉阶段"①的观点是错误的。认罪认罚制度在每个诉讼阶段均可适用，这在最高人民法院、最高人民检察院、公安部、国家安全部、司法部联合发布的《关于在部分地区开展刑事案件认罪认罚从宽制度试点工作的办法》中是有充分体现的。比如，《试点办法》第8条第1款规定"在侦查过程中……犯罪嫌疑人自愿认罪认罚的，记录在案并附卷"；第3款规定"对拟移送审查起诉的案件，侦查机关应当在起诉意见中写明犯罪嫌疑人自愿认罪认罚情况。"

① 郭一星、张红广、张传伟：《认罪认罚从宽制度的基本定位》，载 http://www.sdjcy.gov.cn/html/2017/jcyj_0208/15416.html，最后访问日期：2017月10月28日。

因此,在审查起诉、审判时,要考察犯罪嫌疑人、被告人“认罪认罚”开始的诉讼阶段,期间有没有态度的反复。“认罪认罚”态度有反复的,要从最后一次“认罪认罚”的时间认定“认罪认罚”的开始时间。比如,犯罪嫌疑人在侦查阶段没有认罪认罚,但在提起公诉前,“能够认罪认罚并且自愿如实供述自己的罪行,对指控的犯罪事实没有异议,并且签署具结书”的,也可以认定为“认罪认罚”,但量刑从宽的幅度,要与一开始在侦查阶段就“认罪认罚”的有所区别。比如,《广州市刑事案件认罪认罚从宽制度试点工作实施细则(试行)》(以下简称《细则》)很好地体现了这一点。该《细则》第38条规定:“认罪认罚案件应当适用分级量刑激励。犯罪嫌疑人、被告人在侦查机关侦查、人民检察院审查起诉、人民法院审理的不同诉讼阶段认罪认罚的,人民检察院提出量刑建议和人民法院宣告判决时,适用的量刑激励幅度按递减原则处理。可根据最高人民法院发布的量刑指导意见对犯罪嫌疑人、被告人给予不高于基准刑10%～30%的量刑从宽激励。”这种处理方式,值得其他地区司法机关借鉴。

四、建议司法解释对“认罪认罚从宽”的幅度进行详细规定

在最高人民法院《量刑指导意见》中,应该体现:A类“认罪认罚”从宽幅度比仅仅自首或者坦白的从宽幅度要大;认罪认罚从宽幅度比“当庭自愿认罪”的从宽幅度要大。

对于《量刑指导意见》中规定的“对于自首情节,综合考虑自首的动机、时间、方式、罪行轻重、如实供述罪行的程度以及悔罪表现等情况,可以减少基准刑的40%以下;犯罪较轻的,可以减少基准刑的40%以上或者依法免除处罚。恶意利用自首规避法律制裁等不足以从宽处罚的除外。”建议在这之后,增加规定“自首又认罚的,应当减少基准刑的45%以下;犯罪较轻的,应当减少基准刑的45%以上或者免除处罚。”

对于《量刑指导意见》中规定的“对于坦白情节，综合考虑如实供述罪行的阶段、程度、罪行轻重以及悔罪程度等情况，确定从宽的幅度。(1)如实供述自己罪行的，可以减少基准刑的20%以下；(2)如实供述司法机关尚未掌握的同种较重罪行的，可以减少基准刑的10%～30%；(3)因如实供述自己罪行，避免特别严重后果发生的，可以减少基准刑的30%～50%。”建议在这之后，增加规定“对于坦白又认罚的，综合考虑各种情况，确定从宽的幅度。(1)如实供述自己罪行又认罚的，应当减少基准刑的25%以下；(2)如实供述司法机关尚未掌握的同种较重罪行又认罚的，应当减少基准刑的15%～35%；(3)因如实供述自己罪行，避免特别严重后果发生的，且认罚的，应当减少基准刑的35%～55%。”

对于《量刑指导意见》中规定的：“对于当庭自愿认罪的，根据犯罪的性质、罪行的轻重、认罪程度以及悔罪表现等情况，可以减少基准刑的10%以下。依法认定自首、坦白的除外。”建议修改为：“对于当庭自愿认罪的，根据犯罪的性质、罪行的轻重、认罪程度以及悔罪表现等情况，可以减少基准刑的10%以下；当庭自愿认罪又认罚的，可以减少基准刑的15%以下。依法认定自首、坦白的除外。”

五、建议司法解释对“同意适用速裁程序”的从宽处罚

对犯罪嫌疑人、被告人同意适用速裁程序审理的“认罪认罚”案件，在司法解释中规定予以从轻处罚，并明确规定减少基准刑的幅度。

如前所述，被告人选择、同意适用简化程序，不是“认罚”的成立条件。根据《办法》的规定，简易程序、普通程序简化审理，法院具有决定权，无须征求被告人意见。但速裁程序的适用，必须征得被告人同意。为了鼓励认罪认罚人选择或者同意速裁程序，有必要单独将其作为从宽量刑的情节加以规定。有论者对此也持肯定意见：“在刑事诉讼中，由于犯罪嫌疑人、被告人选择或同意适用认罪认罚程序，司法资源将得到一定的节省，诉讼效率也将得到相应

的提高。换言之，公安司法机关由于犯罪嫌疑人、被告人选择或同意适用认罪认罚程序而获得较大的程序性利益，而这实际上是以牺牲犯罪嫌疑人、被告人的某些诉讼权利（如辩解权、质证权、辩论权、要求公正审判权等）为代价的，由此根据权利义务一致原则，犯罪嫌疑人、被告人也应获得一定的程序性利益。然而考虑到犯罪嫌疑人、被告人认罪认罚已经获得幅度不一的减少基准刑的实体性利益，因此对于其选择或同意适用认罪认罚程序所应当给予的程序性利益不宜过大……”①

此外，对放弃程序权利的犯罪嫌疑人、被告人给予实体利益上的优惠，是各国的共通做法。如在英国，“鉴于没有正式的‘判决打折’制度，正如书面所反映的，英格兰和威尔士执业律师们普遍认为做有罪答辩的被告应该得到减刑 1/3 的奖励。”②根据美国联邦量刑指南，答辩有罪的被告人可得到“量刑打折”，这个折扣能减掉相对较轻罪行 67% 的刑期和严重罪行 14% 的刑期③。

在刑事速裁程序试点早期，最高司法机关没有明确将犯罪嫌疑人、被告人选择刑事速裁程序作为单独的从宽情节。后为回应实践的需要，以会议纪要的形式明确，被告人同意适用速裁程序的，可以减少基准刑的 10% ~30%。但结合坦白等情节的从宽幅度，笔者认为，选择或者同意适用刑事诉讼速裁程序的从宽幅度不应过大。

鉴于以上考虑，笔者建议，在《量刑指导意见》中“当庭自愿认罪”之后，增加一条规定：“认罪认罚的被告人，选择或者同意采用速裁程序审理的，可以减少基准刑的 10%。”

① 谭世贵：《实体法与程序法双重视角下的认罪认罚从宽制度研究》，载《法学杂志》2016 年第 8 期。

② ［英］麦高伟、杰弗里·威尔逊：《英国刑事司法程序》，刘立霞等译，法律出版社 2003 年版，第 336 页。

③ ［美］爱伦·豪切斯泰勒·斯黛丽、南希·弗兰克：《美国刑事法院诉讼程序》，陈卫东、徐美君译，中国人民大学出版社 2002 年版，第 435 页。

第五章　刑事法治其他问题研究

第一节　高息揽储及其衍生行为的刑法规制

所谓高息揽储，是指商业银行、非银行金融机构及邮政储蓄部门（以下简称金融机构）为了招揽存款，存款的个人或者单位为了获得高额利息，违反国家法定利率政策，擅自提高或者变相提高存款利率的行为。其常见的表现方式有：（1）金融机构直接提高存款利率；（2）金融机构向储户开具高于实际存入款额的存单，到期后按照存单面额支付本息；（3）金融机构向有关人员支付手续费、存储代办费、吸储奖等；（4）金融机构对高于法定利率的利息向储户另行出具欠据；（5）储蓄有奖等。[①] 实践中，行为人为了实现"高息"的承诺或者谋取其他经济利益，高息揽储后有的人还会擅自违规利用、处置资金，或以高息揽储为名，将资金不入账，截留在金融机构外循环利用。这些行为本身虽然不属于高息揽储行为，但与高息揽储有一定的牵连性或者相似性，因此，本书将其统称为高息揽储的衍生行为。

一、研究背景与概况

近十几年来，高息揽储过程中涉嫌重大犯罪的案件频频见诸报端，涉案金额

① 王克先：《"高息揽储纠纷"的处理原则》，载《律师世界》1999 年第 12 期。

更是触目惊心。比如,1999 年 12 月至 2001 年 4 月,吉林省郭强、于文辉等高息揽储过程中涉嫌贷款诈骗、承兑汇票诈骗,涉案金额 3.2 亿元;2004 年,山西省周利民、刘怡冰等以高息存款为诱饵,采用开具“大头小尾”存单、私刻公章伪造金融凭证等不法手段,吸收单位和个人存款 4 亿余元,期间涉嫌贪污、挪用公款罪;2005 年,中行哈尔滨支行行长高山涉嫌在“拉存款”过程中实施金融诈骗,涉案金额高达 10 亿元;2009 年,河南省陈永安等以“高息”为诱饵拉存款后,伙同银行工作人员实施票据诈骗、信用卡诈骗,涉案金额达 4 亿元;2010 年,济南市刘某高息揽储诈骗 6100 多万元;2011 年 1 月,齐鲁银行揽储过程中涉嫌伪造金融票证而被公安机关调查,传言涉及资金 60 多亿元;2011 年 4 月,贾良旻等“高息揽储”后“偷天换日”,涉嫌票据诈骗 3.25 亿元。[①] 上述案件仅仅是媒体报道的一小部分,实际发生的案例远远不只这些。高息揽储不仅严重扰乱了国家的金融秩序,往往还会导致行为人连带实施其他犯罪,以期兑现“高息”的承诺或取得其他非法经济利益。这些犯罪往往涉案金额巨大,危害后果十分严重。

相对实践中如此众多的案件发生数目,学术界对高息揽储的法律研究却少之又少。截至 2018 年 9 月 9 日,在涵盖面非常广的学术文献网络出版总库中,题名含有“高息揽储”或“高息揽存”的文章共有 82 篇,但专门从法律方面探讨的不足 5 篇,从刑法的角度专门探讨的更是寥寥无几[②]。现笔者对此略论一二,以期对刑事司法实践有所助益。

---

① 周芬棉、甫林:《从疯狂揽储到挪用资金:金融大案的犯罪线路图》,载《法制日报》2005 年 3 月 30 日;凌雨:《“高息揽储”再现金融内控风险》,载《民主与法制时报》2010 年 1 月 10 日;郭长秀、朱建锋:《俩老粗把行长改造成“提款机”焦作审结特大票据、信用卡诈骗案,涉案金额近 4 亿,一审 2 人被判死刑》,载《大河报》2009 年 4 月 18 日;《高息揽储诈骗 6100 余万》,载《山东商报》2010 年 4 月 9 日;夏志琼:《齐鲁银行事件的反思与警示》,载《改革与开放》2011 年第 3 期;刘海、王川:《“高息揽储”后“偷天换日”》,载《上海法治报》2011 年 4 月 29 日。

② 具体情况详见:《中国知网——中国学术文献网络出版总库》,本文统计数据截至 2018 年 9 月 9 日。

二、高息揽储的法律性质

(一)学术界观点及其评价

对于高息揽储行为的法律性质,学者们众说纷纭,主要观点有三。第一种观点认为,高息揽储是我国反不正当竞争法所禁止的违法行为之一。第二种观点认为,根据《中华人民共和国商业银行法》(以下简称《商业银行法》)第74条的规定,高息揽储仅仅是一种违规行为、应受行政处罚,该法律没有对此规定刑事责任,而我国刑法也没有禁止性规定,"法无明文规定不为罪",因此不构成犯罪。第三种观点认为,高息揽储行为既是一种不正当竞争行为,也是一种商业贿赂行为,严重的可构成商业贿赂方面的犯罪,触犯的具体罪名有:非国家工作人员受贿罪、对非国家工作人员行贿罪、受贿罪、单位受贿罪、行贿罪、对单位行贿罪、介绍贿赂罪、单位行贿罪。①

笔者认为,虽然第一种说法思路正确,但观点有些模糊,不够深入。依据《中华人民共和国反不正当竞争法》(以下简称《反不正当竞争法》)第2条第3款之规定,该法所称的商品包括服务。因此银行等单位提供储蓄服务当然是反不正当竞争法所调整的范围。论者从《反不正当竞争法》中探寻高息揽储的法律性质,基本思路是正确的。但论者将高息揽储的法律性质仅仅界定为"是一种不正当竞争行为",未免有些概括、含混,很难指导司法实践。因为《反不正当竞争法》所规定的不正当竞争行为方式较多,如第5条规定的假冒行为、第6条规定的限购排挤行为、第7条规定的滥用行政权力限制竞争行为、第8条规定的商业贿赂行为、第9条规定的虚假广告行为、第10条规定的侵犯商业秘密的行为、第11条规定的降价排挤行为、第12条规定的搭售行为、第13条规定的不正

① 路效国、张天虹、邢曼媛等:《为银行职员高息揽储索取好处费并帮助隐瞒挪用资金事实该如何处理》,载《人民检察》2010年第22期。

当有奖销售行为、第 14 条规定的诋毁商誉行为以及第 15 条规定的通谋投标行为等,都是不正当竞争行为。[①] 究竟高息揽储属于哪种不正当竞争行为,论者并未深入阐述。

第二种观点从《商业银行法》探寻其法律性质,应该说方向上也无不当,但其具体观点值得商榷。首先,《商业银行法》调整的主体是商业银行、城市信用合作社、农村信用合作社以及邮政企业(第 2 条、第 93 条、第 94 条),是特殊法;《反不正当竞争法》调整的是所有从事商品经营或者营利性服务(以下所称商品包括服务)的法人、其他经济组织和个人,是普通法。如果二者在适用上有冲突,依据"特别法优于普通法"的法理,"高息揽储"行为由特别法即《商业银行法》来调整,并无不妥。其次,论者认为"高息揽储"是违规行为但无须承担刑事责任,这是《商业银行法》在 2003 年修正之前的规定。修正后的《商业银行法》第 47 条规定:"商业银行不得违反规定提高或者降低利率以及采用其他不正当手段,吸收存款,发放贷款。"第 74 条规定:"商业银行有下列情形之一,由国务院银行业监督管理机构责令改正,有违法所得的,没收违法所得,违法所得五十万元以上的,并处违法所得一倍以上五倍以下罚款……构成犯罪的,依法追究刑事责任:……(三)违反规定提高或者降低利率以及采用其他不正当手段吸收存款,发放贷款的……"可见,高息揽储不仅是一种违规行为需要承担行政责任,严重的也可构成犯罪承担刑事责任,因此论者的观点并不妥当。

第三种观点有可取之处,但也不尽完善。将高息揽储界定为是一种商业贿赂行为,与第一种观点的"不正当竞争行为"相比,更加具体、更有适用性,值得借鉴,但其观点也有不尽完善的地方。首先,论者将"不正当竞争行为"与"商业贿赂行为"做为互不隶属的概念并列提出,人为的割裂了商业贿赂行为与不正

① 李秀萍、褚颖、蒋成忠主编:《经济法概论》,中国劳动社会保障出版社 2009 年版,第 164 ~ 165 页。

当竞争行为之间的联系。实际上,商业贿赂行为应该是不正当竞争行为的一种表现形式。其次,在账外给客户物质利益、变相提高储蓄利率,论者将这类行为定性为商业贿赂尚可理解,但将所有高息揽储行为都定性为商业贿赂却值得商榷。如果行为人违反国家规定直接提高存款利率,并如实的入账,将高出来的利息界定为"贿赂"或者"回扣"似有不妥。因为依据《反不正当竞争法》第8条的规定,"经营者不得采用财物或者其他手段进行贿赂以销售或者购买商品。在账外暗中给予对方单位或者个人回扣的,以行贿论处;对方单位或者个人在账外暗中收受回扣的,以受贿论处。"如果给予客户的"高利息"已经如实入账,则这些利息已经成为购买"存款"这一商品的价款,何谈"贿赂"与"回扣"呢?

(二)笔者观点

1. 高息揽储之分类

笔者认为,高息揽储可分为直接高息揽储和变相高息揽储两种。直接高息揽储是指商业银行、非银行金融机构及邮政储蓄部门为了招揽存款,违反国家法定利率政策,擅自直接提高存款利率的行为。变相高息揽储是指商业银行、非银行金融机构及邮政储蓄部门为了招揽存款,不直接提高利率,但采用各种方法使储户获得比法定利息更多的物质利益,从而变相提高利率的行为。二者的本质区别在于,揽储者给予储户之高于法定标准的物质利益,是以入账利息的方式表现还是以不入账的其他物质利益表现,以前一种形式表现的是直接高息揽储,以后一种形式表现的是变相高息揽储。由于二者给予的"高息"表现方式不同,因此行为性质也不同。

2. 直接高息揽储的法律性质

首先,直接高息揽储行为不属于《反不正当竞争法》中规定的不正当竞争行为。如前所述,《反不正当竞争法》第5~15条明确规定了11种不正当竞争行为,但直接高息揽储的行为并不符合任何一种。直接高息揽储与商业贿赂行为表面上相似，但实际上并不相同。高利息与贿赂的共同点在于两者都是以物质利益的方式呈现。但是高利息的交易过程如实记入存款机构以及存款人账户，与商业贿赂中的回扣有明显区别。另外，存款人基于对国家金融机构的合理信赖，一般都认为自己获得的高利息是存款之孳息，也是合情合理的。换句话说，我国的存款利率由国家法定机构根据经济形势随时调整，变动较为频繁，普通公民没有必知的义务。“高息揽储”中的高利率不符合国家规定，是银行等存款机构吸储行为违规，存款人的存款行为并不违法；反观贿赂行为，这是一种对向行为而不是单方行为，行贿与受贿双方均是违法的。因此高于法定标准的利息明显与贿赂不同。另外，直接高息揽储也不属于“降价排挤行为”。限价排挤是指“低于成本销售商品”的情况，而“高息揽储”是给对方高价又给对方提供储蓄服务，或者说是高价购买储户“存款”的行为，前者是低价卖后者是高价买，完全背道而驰。

其次，直接高息揽储是一种违反《商业银行法》的违规行为，情节严重的甚至构成犯罪。如前所述，《商业银行法》第 47 条明确规定吸收存款的机构不得提高利率吸收存款；第 74 条规定，存款机构及其工作人员违规提高利率吸收存款的要承担刑事责任。因此，直接高息揽储是一种存款机构单方违反《商业银行法》的违规行为。

最后，直接高息揽储，情节严重的可构成非法吸收公众存款罪。我国《刑法》第 176 条第 1 款规定：“非法吸收公众存款或者变相吸收公众存款，扰乱金融秩序的，处三年以下有期徒刑或者拘役，并处或者单处二万元以上二十万元以下罚金……”这就是对非法吸收公众存款罪的规定。这里的“公众”是指社会上不特定的多数人，一般“三人以上”谓之多。构成本罪无须实际上吸收存款对象达 3 人以上，只要利用各种方式让 3 人以上多数人知道行为人吸收存款意图即可。认定中最有争议的是，银行等有储蓄存款资格的机构及其工作人员能否构成非法吸收公众存款罪。对此问题,有肯定论和否定论两种观点。① 笔者赞同肯定论观点。第一,我国《刑法》对本罪的规定是一种简明罪状,行文中并没有明确将有储蓄资格的机构及其工作人员排除在犯罪主体之外;第二,2003 年末修改后的《商业银行法》已经对擅自提高存款利率之行为规定了刑事责任;第三,高息揽储行为客观上违反了国家对利率的管制,对国家金融秩序也造成了损害,从严重侵害了国家法益的角度讲,也应该入罪。因此,高息揽储行为可以构成非法吸收公众存款罪。

3. 变相高息揽储的法律性质

首先,变相高息揽储属于《反不正当竞争法》中规定的商业贿赂这种不正当竞争行为。根据《反不正当竞争法》第 8 条、《关于禁止商业贿赂行为的暂行规定》第 2 条的规定,变相高息揽储完全属于商业贿赂行为。以《关于禁止商业贿赂行为的暂行规定》为例,该法第 2 条第 2 款规定:"商业贿赂,是指经营者为销售或者购买商品而采用财物或者其他手段贿赂对方单位或者个人的行为。"第 3 款规定:"前款所称财物,是指现金和实物,包括经营者为销售或者购买商品,假借促销费、宣传费、赞助费、科研费、劳务费、咨询费、佣金等名义,或者以报销各种费用等方式,给付对方单位或者个人的财物。"可见,变相高息揽储正是以现金或者实物的方式贿赂储户,变相提高存款利率,以达到排挤竞争对手、多吸收存款的目的,这些行为完全符合商业贿赂的构成。

其次,变相高息揽储不构成其他不正当竞争行为。有奖储蓄这种变相高息

① 肯定论观点详见:冯亚东、刘凤科:《非法吸收公众存款罪的本质及立法失误》,载《人民检察》2001 年第 7 期;刘媛媛:《非法吸收公众存款罪争议问题研究》,载《浙江金融》2008 年第 10 期;逄锦温:《论非法吸收公众存款罪中的几个问题》,载《法律适用》(国家法官学院学报)2001 年第 12 期;乔大元:《论非法吸收公众存款罪》,中国政法大学 2007 年硕士学位论文。否定论观点详见:李希慧:《论非法吸收公众存款罪的几个问题》,载《中国刑事法杂志》2001 年第 4 期;张晶、顾强:《论非法吸收公众存款罪的若干问题》,载《武汉公安干部学院学报》2009 年第 2 期;肖晚祥:《非法吸收公众存款罪的司法认定研究》,载《东方法学》2010 年第 5 期。

揽储行为，与不正当有奖销售这种不正当竞争行为有相似性，但二者并不相同。依据《反不正当竞争法》第13条的列举式规定，不正当有奖销售的表现形式有三：一是无奖谎称有奖或者中奖者被内定；二是以有奖销售方式推销质次价高商品；三是抽奖式有奖销售奖金额超过5000元。可见，上述有奖销售中所称的“奖”，其奖项的获得应该具有偶然性，如果是必然中奖，则是一种变相降价排挤销售的不正当竞争行为，而不是有奖销售行为。“高息揽储”中的储蓄有奖，就是一种必然获得的“奖励”，因此不具有偶然性，不是《反不正当竞争法》中所称的有奖销售行为。又因有奖储蓄是一种高价购买“存款”行为，也不属于必然中奖的那种变相降价排挤销售行为。

最后，变相高息揽储情节严重的，可以构成商业贿赂方面的犯罪。最高人民法院、最高人民检察院2008年11月20日颁布的《关于办理商业贿赂刑事案件适用法律若干问题的意见》中提出，商业贿赂犯罪可能涉及的罪名有8个，即非国家工作人员受贿罪、对非国家工作人员行贿罪、受贿罪、单位受贿罪、行贿罪、对单位行贿罪、介绍贿赂罪、单位行贿罪。

4. 结论

综上所述，高息揽储可以分为直接高息揽储和变相高息揽储两种，前者是一种违反《商业银行法》的行为，情节严重的构成非法吸收公众存款罪，后者属于商业贿赂这种不正当竞争行为，情节严重的构成商业贿赂方面的犯罪。

三、高息揽储后资金入账但违规处置的刑法适用

（一）高息揽储后资金入账但违规发放贷款的刑法适用

实践中，有些金融机构为了缓解资金短缺，要求贷款的客户方必须拉来与贷

款额度差不多的存款，才能向贷款方发放贷款。①贷款方为了实现贷款目的，不得不想尽各种办法拉存款，其中一种方式就是许以高息。金融机构将存款按法定利率吸收后，拉存款的贷款方再对存款方补贴一定的利息，以兑现高息的承诺。由于贷款方拉来的存款，提升了金融机构的存款业绩。金融机构或其工作人员往往放松对其贷款用途、偿还能力的审查，有的甚至采用非常明显的违规方式贷款。另外，还有的金融机构将贷款权力与金融机构工作人员拉存款的业绩挂钩，谁拉来的存款多，谁就有权力向客户贷出更多的款。这种内部激励制度往往导致工作人员放贷权力过大，金融机构对放贷行为的监管也相对薄弱，违规贷款的行为也时有发生。我国《刑法》第 186 条规定："银行或者其他金融机构的工作人员违反国家规定发放贷款，数额巨大或者造成重大损失的，处五年以下有期徒刑或者拘役，并处一万元以上十万元以下罚金；数额特别巨大或者造成特别重大损失的，处五年以上有期徒刑，并处二万元以上二十万元以下罚金。银行或者其他金融机构的工作人员违反国家规定，向关系人发放贷款的，依照前款的规定从重处罚。"可见，上述高息揽储后违法发放贷款，数额巨大或者造成重大损失的，可依据违法发放贷款罪定罪处罚。

（二）高息揽储后资金入账，行为人利用职务便利挪用资金归个人使用的刑法适用

由于高息揽储的资金已经入账，因此这些资金已经成为银行或者其他金融机构的资产。行为人利用职务便利挪用资金归个人使用的，依据《刑法》第 384 条、第 272 条之规定，因主体不同可分别构成挪用公款罪或挪用资金罪。但在实务中，金融机构工作人员违法发放贷款行为和其挪用公款（挪用资金）行为有相似之处。二者均可表现为采用违法手段将公款（资金）借给他人使用，违法发放

① 马舒君：《银行强势揽储：客户存款前须拉存款贷多久存多久》，载 http://www.zgjrw.com/News/2011324/home/353668411700.shtml，最后访问日期：2011 年 3 月 24 日。

贷款行为很容易被作为挪用公款罪提起公诉;另外,挪用公款(资金)的手段多种多样,其中也不乏金融机构工作人员利用发放贷款的职务之便挪用公款(资金)。一般来讲,区别上述两类犯罪可以从以下几方面考察:第一,考察行为是职务行为还是个人行为。违法发放贷款行为具有职务性,其行为虽然超出了法定权限或违反了法定程序,但本质上仍是贷款行为,行为人以金融机构的名义与借款人形成借款关系,由金融机构承担民事法律责任。挪用公款(资金)行为是擅自超越职权的个人行为,即不经合法批准擅自动用公款(资金)归个人使用,即使其以单位名义挪用公款(资金)借贷给他人使用,该行为亦是个人决定的,单位不承担其法律后果。第二,考察有无一定的贷款审批手续,以及何时办理的审批手续。违法发放贷款的一般有审批手续,且在放贷之前或者放贷的时候即刻办理该手续,而挪用公款(资金)行为一般无贷款审批手续,而且有的是贷款之后才补办手续,以掩盖其挪用公款(资金)的行为。第三,违法发放贷款罪因本质上是放贷行为,因此一般公开进行,而挪用是一种个人行为,一般都是半公开或者秘密进行。第四,考察行为人的主观方面,以确定行为人是否以贷款之名行挪用公款(资金)之实。例如,银行或其他金融机构的工作人员冒用他人名义申请贷款,又利用职务之便审批发放贷款,所贷款项归个人使用的;或者事前与贷款人约定所贷款项的全部或一部分由行为人使用的,则即使“贷款”之时履行了一定的审批手续,亦不得认定为违法发放贷款,而是以贷款之名行挪用公款(资金)之实。①

(三)高息揽储后资金入账,金融机构工作人员放任伪造票据支取资金的刑法适用

存款资金一经入账,就成为金融机构的资产,将受到金融机构严格的监控和

① 江坎、汤媛媛:《违法发放贷款罪与挪用公款罪辨析》,载《人民法院报》2009年3月18日,第6版。

管理,何况支取资金需要存款人的个人信息和资料,因此,金融机构工作人员很难凭借一己之力支取存款。但是在高息揽储过程中,由于存款人可以获得高息,代表金融机构拉存款的人可赚取手续费或乘机利用这笔资金,金融机构工作人员可以获得存款业绩以及其他好处费。因此,存款人、代金融机构拉存款的人以及金融机构工作人员三方均可受惠,他们三方构成了利益的共同体。为了实现上述各自利益,代拉存款之人往往借"揽储"之便利,私下刻制存款人的印章或偷换预留印签等,伪造金融机构票据,金融机构工作人员在审查过程中也往往放任上述造假行为,致使存款人资金被偷偷转移走。而存款人一般在存款时就获得了本该存款到期后才能获得的高额利息,于是存款人对本金是否在账上并不关心,甚至默认拉存款之人或者金融机构将本金转出加以利用。有时甚至是代表单位存款的个人与拉存款之人、银行工作人员三方勾结实施上述行为。比如,原河南大河村公司董事长陈某指使杜某冒充银行工作人员,先找到中国神马实业股份有限公司许以高息,让他们将钱存到指定银行,再和银行有关人员串通,将存钱的这家公司预留在银行的真实印鉴片予以更换,然后持假印章伪造转账支票,随意支配他人账户内的资金。神马实业股份有限公司财务处工作人员庄某明知陈某等伪造票据将存款转移走,却放任该行为,最后导致巨额存款不能追回,给神马实业公司造成巨大损失。上述行为依据我国《刑法》第 25 条、第 194 条之规定,银行工作人员、存款人等均可构成票据诈骗罪的共犯。

四、以高息揽储为名取得资金后不入账的刑法适用

我们前面所探讨的高息揽储,无论是直接高息揽储还是变相高息揽储,都存在一个基本前提,那就是储户的本金无论如何都要进入金融机构法定账户。但实践中,由于金融监管、审计等原因,本金入账后,往往造成行为人兑现"高息"承诺非常困难。因此,行为人就铤而走险,将存款本金不入账,在账外循环利用,

以谋求兑现“高息”的承诺或取得其他经济利益。本金不入账却以“高息揽储”为名的情况可以分为以下三种:第一种,以高息揽储为名取得资金后未入账,但未有利用资金的意愿和行为;第二种,以高息揽储为名取得资金后未入账并擅自利用资金;第三种,以高息揽储为名,金融机构或其工作人员作为民间借贷的中介,见证合同签署或帮助办理存借手续以及帮助实现资金转移交付等。

(一)以高息揽储为名取得资金后不入账,但未有利用资金的意愿和行为之刑法适用

如果行为人是普通的自然人,以高息揽储为名取得客户资金后,由于客观原因未与金融机构工作人员联系并办理入账手续,主观上没有使用资金的意愿,客观上也没有利用资金的行为,则不构成任何犯罪。如果行为人未办理资金入账手续,客户要求返还资金而行为人拒不返还的,则可构成侵占罪。

如果行为人是银行或者其他金融机构的工作人员,以高息揽储为名吸收客户资金不入账,虽然没有实施任何其他利用资金行为,但吸收的客户资金数额巨大或者造成重大损失的,依据《刑法》第 187 条之规定,可构成吸收客户资金不入账罪。本罪是从“用账外客户资金非法拆借、发放贷款罪”修改而来的。2006 年《刑法修正案(六)》将《刑法》第 187 条第 1 款去除了目的要件“以牟利为目的”以及客观行为要件“非法拆借、发放贷款”,直接以“吸收客户资金不入账”作为定罪的客观要件,并以“数额巨大或者造成重大损失”作为定量要素,将原来的目的犯改造为行为犯,扩大了金融犯罪的范围。2001 年 1 月 21 日的《全国法院审理金融犯罪案件工作座谈会纪要》中对本罪所称的“不入账”有规定,是指不记入金融机构的法定存款账目,以逃避国家金融监管,至于是否记入法定账目以外设立的账目,不影响该罪成立。根据 2010 年最高人民检察院、公安部《关于公安机关管辖的刑事案件立案追诉标准的规定(二)》第 43 条的规定,本罪所称的“数额巨大或者造成重大损失”,是指吸收客户资金不入账,数额在 100 万元

以上的，或者造成直接经济损失数额在20万元以上。由此可知，吸收客户资金不入账罪是行为犯而不是目的犯，不要求有牟利的目的。银行或者其他金融机构的工作人员高息揽储后，不将资金打入法定的账户，即使没有利用的意愿和行为，但客观上吸收的客户资金数额较大或造成重大损失的，仍然可以构成本罪。

（二）以“高息揽储”为名取得资金后不入账，并擅自利用资金的刑法适用

1. 行为人是没有储蓄资格的单位或者没有办理储蓄业务资格的个人

如果行为人是没有储蓄资格的单位或者没有办理储蓄业务资格的个人，将存款人的资金不存入金融机构法定账户，却营造已经入账的假象，比如制造虚假存单等，行为人又以非法占有为目的擅自利用资金的，可能构成诈骗罪或集资诈骗罪。具体来说，自然人以特定的少数人为犯罪对象，以高息揽储为名，虚构事实、隐瞒真相骗取他人信任，将客户资金未入金融机构账户却据为己有的，构成诈骗罪；以不特定社会公众为犯罪对象，单位或者自然人以高息揽储融资为名，虚构事实、隐瞒真相，募集数额较大资金不入账却非法占为己有的，则构成集资诈骗罪。

如果不以非法占有为目的，而是以临时使用资金为目的，并且打算日后归还的，则可能构成非法吸收公众存款罪。具体来说，单位或者自然人未经批准，擅自向社会不特定对象吸收资金数额较大，并且出具凭证，承诺在一定期限内还本并支付较高利息或其他物质利益的，则可构成非法吸收公众存款罪。

普通自然人以非法占有的目的，将他人委托的“存款”不入账，为自己所用并拒不交还给客户的，则可能构成侵占罪。

2. 行为人是有储蓄资格的单位或有办理储蓄业务资格的个人

（1）利用了职务之便

如果行为人是有储蓄资格的单位或者有资格办理储蓄业务的工作人员，行为人利用职务之便，将存款人的资金不存入金融机构账户，却营造已经入账的假象，比如制造虚假存单等，存款人也认为资金已经存入储蓄机构，但行为人又以

非法占有为目的擅自利用资金的,则可能构成贪污罪或者职务侵占罪;如果行为人以临时使用资金为目的,将资金不存入金融机构账户,却营造已经入账的假象,存款人也认为资金已经存入储蓄机构,行为人利用职务之便利用资金并打算日后归还的,则可能构成挪用公款罪或挪用资金罪。

(2)未利用职务之便

如果行为人是金融机构或其他金融机构的工作人员,不是利用职务之便利,而是利用自己工作的便利或者环境、身份等便利,行为人以非法占有为目的实施上述利用资金行为的,构成诈骗罪或集资诈骗罪;若临时利用并打算日后归还的,则可能构成非法吸收公众存款罪。

(3)高息揽储不入账与非法利用之间的牵连关系

上述主体以高息揽储为名取得资金后不入账,并擅自利用资金,如果不入账的资金数额较大或者造成重大损失的,从理论上说都可构成吸收客户资金不入账罪。但由于不入账的行为是手段行为,后面的各种利用资金行为是目的行为,二者之间具有手段与目的的牵连关系,故而构成牵连犯,依据刑法的基本理论,应该"从一重罪处断"。

(三)以高息揽储为名,银行或者其他金融机构工作人员实施民间借贷的中介行为之刑法适用

如果行为人是银行或者其他金融机构工作人员,以"高息揽储"为名,实际从事的是民间高息借贷的中介行为。例如,撮合借贷双方达成借贷意向,见证借贷双方签订借款合同,协助完成资金及利息转移等。如果民间借贷的利息不超过银行同期同种借款利息的4倍,则这种民间借贷是合法有效的。[①] 由于金融

① 民间借贷与非法吸收公众存款行为虽然相似,但二者并不相同,因不是本书讨论重点,故在本书省略。参见朱永才、朱晓东:《试析非法吸收公众存款罪与民间借贷》,载《经济论坛》2006年第14期;熊愈:《论如何避免民间借贷沦为非法集资》,载《才智》2008年第23期。

机构或者其工作人员在这类行为中仅仅起到中介作用，客户明知资金未流入金融机构账户，事实上资金也仅仅在客户之间直接流动。因此，银行或者其他金融机构工作人员之行为不构成任何犯罪。

比如，某银行工作人员A获悉，教育部某直属高校B为了加快学生宿舍建设，急需建设资金但无法获得银行贷款。A一方面向该校财务处处长提出建议，以银行贷款相同的高利率，要求高校向内部职工借款；另一方面A还积极向教职工宣传学校高息借款的政策，以鼓励教职工乐于出借资金参与校园建设。同时，他向财务处以及教职工许诺，如果双方有意愿，他可指派该银行的工作人员协助高校制定民间借贷合同、见证合同签署并协助办理本金、利息的转移手续，唯一条件是日后请高校、学校职工多多在该银行办理存款业务。经银行工作人员A的撮合，职工与学校达成了借款协议。上述银行工作人员的行为，严格来说是民间借贷的中介行为，并不是高息揽储行为，不构成犯罪。但如果行为人在从事民间借贷中介过程中，有索取或者收受他人财物行为等他违法犯罪行为的，则另当别论。

五、结论

由于受到“高息”的表现形式、揽储的实施主体、资金是否入账以及揽储后对资金利用方式等因素的影响，高息揽储及其衍生行为之性质非常复杂。加之高息揽储及其衍生行为是一个包括很多环节的过程，前后环节间往往存在某种牵连关系，更增加了刑法适用的复杂性。但在杂乱的现象中也能找出一定的规律性，即高息揽储因其“高息”的表现形式不同可分为直接高息揽储和变相高息揽储两种，前者的“高息”是以入账利息的方式展现，后者以不入账之现金或实物形式展现。无论直接高息揽储还是变相高息揽储，本金是都应该入账的。因此，高息揽储行为与后续违规利用资金、处置资金等行为是两个行为，尽管这两个行为性质不同，但却往往具有手段与目的的牵连关系，实践中应该按照牵连犯“从一重罪处断”的原则处理。如果揽储后本金不入账，则行为人实际上是以高息揽储为名实施了其他性质的行为，比如侵占罪、吸收客户资金不入账罪等，这些行为与后续的利用、处置资金行为之间，也会存在手段与目的的牵连关系，因此，也应依照“从一重罪处断”的原则处理。行为人揽储后违规利用、处置资金的，定性相对容易，即一般构成违法发放贷款罪、挪用公款（资金）罪或者票据诈骗罪等。最复杂的是，以高息揽储为名吸收资金后不入账并利用、处置资金之行为的定性问题。这时，我们要全面考察行为主体（特殊主体还是一般主体）、主观意愿（非法占有还是暂时占有）、行为方式（是否利用职务之便）、揽储对象（公众还是特定对象）后，综合判断，确定其行为性质。

第二节　警察使用武器的违法阻却事由
——以“警方击毙讨债人案”为例

一、案情重述

2004年9月26日，一名叫姜某某的男子到兰州讨债。姜某某对债务人张某某夫妇声称自己带有炸药包，如不还钱就一起同归于尽。张某某妻子报案后，兰州市警方调集警力赶到现场。数小时对峙后，姜某某离开了张某某家。姜某某走出该楼后，没有听从警方的口头警告与鸣枪示警，结果被警方击毙。事后警方仅从姜某某身上搜到一个气囊而没有发现所谓的炸药。该案发生后在社会上引起了强烈的反响和广泛的关注。

二、该案引发的问题

警方使用武器的违法阻却事由到底是什么，理论界现在仍然有着极大争议。若认为警方使用武器的违法阻却事由仅仅是正当防卫，那么，兰州警方有“防卫不适时”或“假想防卫”之嫌疑，从这个角度来看，警方使用武器行为就没有正当性基础，将其击毙就更没有法律依据，但兰州警方具有正当防卫的意图，是毫无疑问的，使用武器(尚不谈能否击毙)是违法的结论对警方是不公平的。警方使用武器行为是否属于违法阻却事由，是本案的一个焦点，它涉及警方是否要承担责任,或承担多大责任的问题。因此,我们很有必要借此案例来讨论一下这个问题,并依此理论对姜某某被击毙案做出合理的解释。

三、警察使用武器之违法阻却事由的基本观点

对警察使用武器的违法阻却事由,学术界有关论述较少,整理一下,有以下几种观点:

第一种观点,使用武器的违法阻却事由是正当防卫。该观点体现在我国 20 世纪 80 年代的有关立法中。《人民警察使用武器和警械的规定》(公安部 1980 年 7 月 5 日颁布)第 1 条开宗明义的规定:“为了使人民警察依法有效地执行公务,以及时制止犯罪行为,保护人民群众和采取正当防卫,特制定本规定。”这充分说明了人民警察使用武器的违法阻却事由是正当防卫;另外,在《关于人民警察执行职务中实行正当防卫的具体规定》中,也充分说明了这个观点,鉴于篇幅所限,不一一列举了。该观点在 20 世纪 80 年代的我国占据主导地位,虽然现在上面的有关规定已经不再适用,但这一思想理论却对现今有着深远影响,以至于警察使用武器稍有不当,人们不自觉的就会想到其行为是否为正当防卫,是否是“防卫过当”,是否是“假想防卫”,却不理会仅仅将警方使用武器的违法阻却事由,确定为正当防卫,对警察来说是不公平的。

第二种观点,除正当防卫外,警方还可以基于紧急避险的考虑而使用武器。这里的紧急避险,不是指警察因本人在执行职务中遇到了危险而逃避责任,而是指为了社会和公共利益的需要,采取使用武器的方法,保护较大利益,损害第三方较小利益。例如,瑞士学者布莱(Blei)所举的事例,游艇横搁在桥头,危及附近水坝的安全,这时警察可以用枪炮将其击沉。另外,哈特曼(Hartmann)也举了一例,警察在逮捕杀人暴徒之紧急情况下,对可阻挡暴徒去路的第三人以枪械迫

使其作为逮捕暴徒的工具①。但目前我国还没有基于紧急避险而专门允许警察使用武器的立法,因而这种观点在国内的论及较少。

第三种观点,警察使用武器的违法阻却事由应该是依法令之行为、正当防卫、紧急避险共同构成②。这种理论是一种综合的观点,表面上看比较全面,似乎更加合理,但笔者认为有很大的弊端。

从1996年1月16日颁布的《中华人民共和国人民警察使用警械和武器条例》来看,警察使用武器大多数情形还是符合公民行使正当防卫的条件的。但这并不意味着,用是否符合正当防卫条件,来判断警察使用武器是否有正当性完全合理。对于有维护社会治安、保卫国家及人民生命财产义务的警察来说,正当防卫不仅仅是其权利,还是警察的职责,应该使用武器而不使用,警察就有行政不作为之嫌。所以警察使用武器的行为与正当防卫还是不能混同的。

至于使用武器是基于紧急避险的考虑,应该分两种情形来讨论。第一种情形是警察针对第三方的财产使用武器,目的是保护人的生命或更大的财产利益,这种情形中,警察使用武器与不具有特殊身份的民众之紧急避险无显著区别,因为合法持有武器的普通民众也可采取此种方式紧急避险,所以完全可以按照民法或刑法上的紧急避险来阻却警察行为的违法性,这也是我国在当前关于警察权的立法中没有涉及该种情形的原因;第二种情形即是,警察针对第三方的人身使用武器,笔者认为这种情况不应在立法上提倡。如刚才的例子所言,为了抓暴徒而以枪械迫使第三人作为逮捕暴徒的必要工具,这是警察将自己的职责部分转嫁给普通第三人,而第三人在法律上没有逮捕或抓获犯罪嫌疑人的义务。所以目前警察使用武器的违法阻却事由,在我国没有必要也不应该是紧急避险。

---

① 吕阿福:《警察使用枪械之正当性研究》,载《法律论丛》第22卷第2期。

② 余凌云:《警察行政权利的规范与救济》,中国人民公安大学出版社2002年版,第15页。

综合上述分析,笔者提出以下观点:警察使用武器的违法阻却事由是“依照法令之行为”。

四、警察使用武器的违法阻却事由是“依照法令之行为”的理由

结合我国目前关于警察使用武器的已有立法,以及公安民警的实践活动,笔者认为,警察使用武器的违法阻却事由界定为“依照法令之行为”是有较大的合理性的:

第一,从目前我国立法内容来看,警察使用武器的正当性基础不可能缺少“依照法令之行为”。如《中华人民共和国人民警察使用警械和武器条例》第9条第1款第11项规定:“在押人犯、罪犯,聚众骚乱、暴乱、行凶或者脱逃的”可依法使用武器;第13项规定的实施暴力严重犯罪后拒捕、逃跑的;第14项犯罪分子携带危险品拒捕、逃跑的等,用正当防卫或紧急避险等理论来解释警察行为的合法性是不现实的,只能以“依照法令之行为”来阻却警察行为的违法性。

第二,警察使用武器与正当防卫的性质不同,故不宜将该行为的违法阻却事由列为正当防卫。尽管警察机关本身具有双重性质,既有司法机关性质,又有行政机关的性质。但无论何种性质,其行为均是代表国家履行法定职责,所以其使用武器行为或是司法行为,或是行政行为,其权利来源为《刑事诉讼法》或《行政法》(当然含警察法);而正当防卫行为只体现个人的意志,不直接体现国家的意志,个人行使正当防卫权,只是依据当时的情况,自愿选择的处理紧急状态的方式。警察执行职务过程中使用武器的权力是国家赋予的法定职责,而普通公民的正当防卫权是可以自由选择的权利。

第三,从警察的特征来看,警察使用武器行为不能等同于民法或刑法上的正当防卫行为,因此还是以依照法令的行为来阻却其行为的违法性妥当。警察权力,简单的说是指国家警察机关执行警察法律、法规,履行警察职责,管理警察事务的权力，具有强制执行性、法定性、执行性和不可处分性的特征[1]。警察权力的不可处分性是指警察权力的实施不能自由转让、放弃警察职权，必须依法实施，否则就应承担相应的法律责任。警察使用武器的权力，正是警察权力的一种，当然具有警察权的特征，故警察在遇到国家、社会、公民的生命财产受到侵害时，且符合使用武器的条件下，不能放弃该权力。但是，判断应否使用武器，在现实的实践中，是非常困难的，往往让警察非常为难。而普通民众对自己反击的行为的合法性产生怀疑时，完全可以放弃防卫权。以姜某某携炸药讨债案为例，债务人张某某在姜某某走出楼房后，法律上没有义务阻止姜某某逃走，但警方却有义务阻止涉嫌危害公共安全罪的姜某某逃走。警方对其口头和鸣枪警告后，姜某某仍然不服从警方命令，所以警方使用了武器。若按照正当防卫理论来寻求警方行为的合法性，很是牵强，又有防卫不适时的嫌疑。因为姜某某威胁债务人不还债务就引爆炸药的危险，在其走出楼房时，已经即将消除。但警方若放姜某某逃走，院子之外就是闹市和街道，不付出代价很难将其抓获，又有放纵犯罪嫌疑人之嫌，所以警方陷入了两难境地。让我们仔细研究一下《中华人民共和国人民警察使用警械和武器条例》第 9 条第 1 款第 14 项之规定，“犯罪分子携带枪支、爆炸、剧毒等危险品拒捕逃跑的”可依法使用武器，可知兰州警方使用武器是有合法依据的，即按照“依法令实施的行为”来寻求该行为的合法性是可行的。

第四，警方使用武器行为必须符合法定的严格程序，不能混同于普通的正当防卫。警察使用武器行为，是一种职务行为，具有严格的程序约束，而普通的正当防卫行为，无论是在防卫前还是防卫后，防卫人的行为在法律上都没有程序上的约束。警方在使用武器的时候，必须遵循一定程序，在立法上已经有所体现，如《中华人民共和国人民警察使用警械和武器条例》第 9 条第 1 款规定，警察在

① 高文英、严明主编：《警察法学教程》，警官教育出版社 1999 年版，第 12 ~ 13 页。

使用武器之前一般要有警告程序；有学者还建议警察使用枪支的程序为[①]：使用枪支前：(1)警告(或口头警告或鸣枪警告)。(2)谈判。使用枪支后：①对拔抢、举枪行为的报告与调查；②对开枪行为的报告与调查。若法律对警察使用武器有如此详细之规定，则按"依照法令之行为"来解释警察使用武器的合法性，是极其具有可操作性的。假如试图用正当防卫理论来解释，因为什么是"防卫过当"等在实践中不好把握，很大程度上束缚了警方使用武器的手脚，没有一个清晰的程序，警察无法利用自己手中的权利。

第五，警察使用武器的违法阻却事由界定为"依照法令之行为"，有利于维护当事人的合法权利及减少警察的伤亡。法律界和社会舆论通常认为警察的执法行为是完全能够得到法律保护的，因此更多关注的是警察执法过程中有否超越法律规定的范畴。警察依法履行职务是每一民警的责任，我们不否认极个别民警的违法行为和执法中的错误，但我们并不能错误的认为，法律在给民警的执法行为的保障上已经到位了。事实上，民警在执法活动中，往往有许多实际问题得不到法律的保护。例如，在警察打击犯罪、缉拿犯罪分子的过程中，尤其是在应该使用武器的那一时刻起，若试图将使用武器的正当性界定在正当防卫上，那么，警察绝对是对峙双方的"弱势群体"[②]。警方在使用武器时，犹如"提着火药桶走钢丝"，对自己的命运感到"漂浮不定"[③]，从而间接的影响了对当事人合法权益的保护。如果将使用武器的正当性界定为"依照法令之行为"，则可借鉴有关学者提出的行政法上的比例原则来进行法益衡量[④]，从而使警方更容易判断何时使用武器，对打击犯罪，保护人民群众的合法权益，减少警方的伤亡具有重

---

① 余凌云：《警察使用枪支之程序研究》，载《浙江公安高等专科学校学报》2002 年第 2 期(总第 70 期)。

② 许国华：《民警因公伤亡问题的再探索》，载《公安教育》2000 年第 7 期。

③ 徐发科：《对人民警察使用武器的思考》，载《公安法制建设》1992 年第 5 期。

④ 梁添盛：《论警察使用武器行为之法律性质及要件》，载《警察学丛刊》第 20 卷第 3 期。

要现实意义。

五、姜某某被击毙案的法学分析

要准确对兰州警方的行为作出评价，首先必须明确以下几个问题：

第一，从当时的情况来考虑，姜某某以引爆身上的炸药来威胁债务人讨债，涉嫌犯危害公共安全罪。我们知道，无论是为了索取合法债务还是法律不予保护的债务而非法扣押、拘禁他人的，都属于《刑法》第 238 条第 3 款的范围[①]。即应该以非法拘禁罪定罪处罚，而不定绑架罪。这也实际上说明了一个问题，就是说行为人讨回自己的债务虽然可能不会构成侵犯财产方面的犯罪，但并不意味着一些过激的讨债行为不构成其他犯罪。姜某某携带炸药向债务人讨债，并以不还债就引爆炸药相威胁，放任了公共安全。因为姜某某的债务人居于 503 室，如果债务人由于经济状况所限或其他原因，不能如姜某某所愿，那么，像姜某某所言，引爆炸药，将使上下楼居民的生命财产瞬间被毁，所以说姜某某的行为应涉嫌危害公共安全罪。笔者认为，这也正是警察出动大批人员包围现场并疏散群众的重要原因。

第二，警方当时无法认识到姜某某怀中炸药的真伪。姜某某从楼中走出后，一只手始终不离开其怀，甚至在警察口头警告、明枪警告时也是如此，而且一言不发，使警方在当时的情况下，根本无法判断其怀中炸药的真伪。

第三，炸药的真伪不是本案的关键问题。姜某某被击毙后，警察和民众才得知姜某某的怀中是假炸药。警察在使用武器的时候，对此情况根本无法预见，有学者便称，兰州警方的行为是“假想防卫”。笔者对此颇有异议：假想防卫是指，对正当防卫的起因——不法侵害的认识错误，即实际上不存在不法侵害，而行为

① 肖中华：《侵犯公民人身权利罪》，中国人民公安大学出版社 2003 年版，第 279 页。

人误以为存在,并对此进行“正当防卫”①。也就是说,假想防卫行为除了对不法侵害的起因认识错误外,其他条件均应该符合正当防卫的要求。而本案中,姜某某已经从债务人楼中走出,所以正在进行的不法侵害已经过去,从正当防卫的角度看,警方的行为有“防卫不适时”的嫌疑,不符合正当防卫的时间条件,还何谈构成“假想防卫”。而且姜某某身上的炸药是真还是假,一般人在当时根本无法判断,因此姜某某怀中的假炸药,对警方来说是意外事件。所以炸药的真伪已经不是本案的关键问题,本案关键问题是,即使事后发现炸药是真的,那么警察当时是否应该使用武器!

综合上述分析,笔者认为兰州警方在本案中使用武器的行为是有其正当性的。这种正当性正是建立在,警察使用武器的行为的违法阻却事由是“依照法令之行为”这一基础之上的。

《中华人民共和国人民警察使用警械和武器条例》第 9 条第 1 款第 14 项规定:“人民警察判明有下列暴力犯罪行为的紧急情况之一的,经警告无效的,可以使用武器:……(十四)犯罪分子携带枪支、爆炸、剧毒等危险物品拒捕、逃跑的。”第 11 条规定:“人民警察遇有下列情形之一的,应当立即停止使用武器:(一)犯罪分子停止实施犯罪,服从人民警察命令的;(二)犯罪分子失去继续实施犯罪能力的。”“人民警察判明”是指,人民警察对现场发生的犯罪行为及犯罪行为人当场作出准确的判断。这是警察对暴力犯罪行为和实施犯罪行为人的一种主观确认②。本案中,警察对姜某某以引爆炸药威胁债务人的行为,以及姜某某是犯罪嫌疑人的判断,应该是已经达到了“判明”的程度。要注意,这种判断不可能达到刑事审判中要求的“无任何合理怀疑”的程度,因为此时发现的案件

① 刘明祥:《刑法中的错误论》,中国检察出版社 2004 年版,第 119 页。

② 王学林主编:《中华人民共和国人民警察使用警械和武器条例释义》,警官教育出版社 1996 年版,第 51 页。

一般尚未立案侦察或仅仅在刑事侦察阶段,不应该有如此高的标准。第 14 项所指的“犯罪分子”,不仅仅包括刑事诉讼法中所指的犯罪嫌疑人,即被指控或被公安机关、人民检察院怀疑有犯罪行为,并已经立案侦查、审查起诉的人[①]。还应该包括未来的及立案,但当场发现已经实施或将要实施犯罪的人。姜某某正是属于后一种类行的“犯罪分子”。第 14 项规定的这些犯罪分子虽然没有当场实施犯罪行为或其犯罪行为已经实施终了,但他们拒捕或逃跑,仍未能消除其社会危害性,他们逃跑后,仍将严重威胁他人的生命安全或公共安全,因此,对这些犯罪分子必须及时逮捕归案[②]。姜某某的行为方式也不符合第 11 条规定的停止使用武器的条件。“服从人民警察命令”是指犯罪分子停止实施犯罪后,听从人民警察指挥,接受人民警察的处置,如放下武器,停止行动,服从拘捕等。犯罪分子停止实施犯罪后,如不服从人民警察命令,抗拒逮捕或逃跑,人民警察仍可使用武器予以制止[③]。姜某某在听到警察的口头警告和鸣枪示警后,根本不听,继续前行,姜某某又没有丧失继续犯罪的能力。所以,兰州警方使用武器行为是有合法依据的,虽造成了一定损害,但是有违法阻却事由的。

六、结论

警方对姜某某使用武器的行为,在法律上虽然不是正当防卫行为,但却具有正当性,是“依照法令之行为”。警方使用武器的方式是否过于严厉(将其击毙),应该借用行政法上的比例原则来加以分析。笔者认为属于不当使用武器,有关责任人应该承担相应的行政责任,但尚不能构成犯罪。

---

① 姚莉主编:《刑事诉讼法》,中国法制出版社 1999 年版,第 46 页。

② 王学林主编:《中华人民共和国人民警察使用警械和武器条例释义》,警官教育出版社 1996 年版,第 69 页。

③ 王学林主编:《中华人民共和国人民警察使用警械和武器条例释义》,警官教育出版社 1996 年版,第 74 页。

第三节　论我国死刑案件审理存在的问题
——以强化证人、鉴定人出庭为视角

证人、鉴定人在死刑案件的审理中出庭，接受质证、交叉询问，可以保证证据调查的真实性、公开性，既有助于法官发现与查明案件的事实真相，正确认定事实和采信证据，也有利于防止因采信虚假、甚至是非法的证据而导致冤假错案的发生，这是确保死刑案件审理质量的重要举措，也是现代诉讼的必然要求。但是，在我国死刑案件审理中，由于种种原因，证人、鉴定人绝大多数都不会出庭，严重影响了案件的审判质量。鉴于此，笔者拟对该问题做一探讨，以期对我国死刑案件的司法实践有所裨益。

一、死刑案件证人、鉴定人出庭情况概述

证人、鉴定人不出庭是当前我国刑事诉讼中的一个老大难问题，据不完全统计，全国刑事案件出庭率不到5%，而死刑案件出庭率就更少。证人、鉴定人不出庭，特别是死刑案件的关键证人、鉴定人不出庭作证，事关人的生命，将直接影响刑事案件的审理质量和司法权威，使法庭审判事实上演化为法官对控方卷宗笔录的书面或者口头审查。司法实践中，由于证人大多数情况下不出庭作证，法官调查证人证言等言词证据时，就仅仅限于听取控方卷宗所记载的笔录及其摘

要,辩方对证人的反询问事实上也被剥夺了,只能够就其书面证言提出质证意见;鉴定意见往往是死刑案件审理的重要、关键证据,但是由于鉴定人不出庭,对于鉴定中的专门技术性问题,控辩双方往往是各执一词,法官也对此倍感茫然,无法准确判断专业性极强的技术问题。死刑案件的审判是以国家的名义杀人的行为,在"保留与限制死刑"的刑事政策下,对死刑案件的证据要求应该更加严格。

从目前我国学者对证人、鉴定人出庭的研究以及司法实践中对其出庭的要求来看,证人、鉴定人出庭的必要性在学术界已经达成共识,但是如何强化证人、鉴定人出庭仍然是一个棘手的问题。我们不得不承认,在有限的司法资源之下,要求一切刑事案件的证人、鉴定人都必须出庭是不现实的,但鉴于死刑案件的重要性,建议对死刑案件证人、鉴定人必须出庭做出特别的规定,以确保死刑案件的审理质量,是非常必要的。

二、我国法律对证人、鉴定人出庭的规定及解析

我国法律以及相关文件对证人、鉴定人出庭问题都做了明确的规定,但在司法实践中贯彻的并不是非常好。例如,我国《刑事诉讼法》第 47 条和第 156 条都规定了证人必须出庭作证,并接受公诉人、当事人和辩护人等的询问;证人证言必须在法庭上经过询问、质证,才能够作为定案的依据。最高人民法院《关于执行〈中华人民共和国刑事诉讼法〉若干问题的解释》(以下简称《刑事诉讼法解释》)对该问题做了更加明确的规定。《刑事诉讼法解释》第 141 条还规定,除了符合四种情况外,经人民法院准许,证人可以不出庭作证的以外,证人应当出庭。《刑事诉讼法解释》第 144 条规定:"鉴定人应当出庭宣读鉴定结论,但经人民法院准许不出庭的除外。"第 123 条规定:"被害人、诉讼代理人、证人、鉴定人经人民法院传唤或通知未到庭,不影响开庭审判的,人民法院可以开庭审理。"我国

《刑事诉讼法》第157条又规定:“……对未到庭的证人的证言笔录,鉴定人的鉴定结论……应当当庭宣读。”这些规定造成了是否出庭是证人、鉴定人可以选择的权利,不出庭也不负任何责任,客观上为证人、鉴定人不出庭提供了法律依据。

2005年12月7日,最高人民法院发布了《关于进一步做好死刑第二审案件开庭审理工作的通知》,规定下列情形的证人、鉴定人应当出庭:(一)控辩双方对证人证言、鉴定结论有异议,该证言、鉴定结论对定罪量刑有重大影响的;(二)其他法院认为应当出庭作证的。这一通知的精神很好,旨在强化死刑案件中证人、鉴定人出庭作证,但是,该通知还是比较笼统,究竟哪些证据是“对定罪量刑有重大影响的”,哪些是“法院认为应当出庭作证的”情形,还是没有明确规定,何况最高人民法院这种内部文件毕竟不是法律,其实践效果也大打折扣。

三、死刑案件,证人、鉴定人出庭率低的原因

笔者认为,死刑案件中证人、鉴定人出庭率极低的原因主要有以下几种。

(一)法律制度的缺陷为证人、鉴定人不出庭作证提供了法律依据

我国《刑事诉讼法》本身对于证人出庭作证的要求互相矛盾,为司法实践中证人不出庭制造了漏洞。如我国《刑事诉讼法》第47条规定:“证人证言必须在法庭上经过公诉人、被害人和被告人、辩护人双方讯问,质证,听取各方证人的证言并且经过查实以后,才能作为定案的根据。”依该条文的内容,证人必须出庭作证,其证言才是有效的,才可以被法院采纳作为认定案件事实的依据;而该法第157条又规定:“公诉人、辩护人应当向法庭出示物证,让当事人辨认,对未到庭的证人的证言笔录、鉴定人的鉴定结论、勘验笔录和其他作为证据的文书,应当当庭宣读。”依这一条文,似乎证人也可以不出庭,但证言须当庭宣读。这为证人不出庭作证提供了法律依据。鉴定人出庭的相关规定也是有缺陷的,法律一方面规定鉴定人应出庭宣读鉴定结论,另一方面却又允许未到庭的鉴定人的

鉴定结论在当庭宣读后可以作为定案的依据，至于哪些情况鉴定人可以不出庭，法律又没有作出任何明确的规定，这种不明确甚至相互矛盾的法律规定，为鉴定人不出庭作证同样提供了法律依据。

（二）法律制度的缺位使证人、鉴定人不出庭作证没有惩罚性措施

首先，我国法律虽然规定了证人、鉴定人应当出庭作证，但未对其不出庭作证应承担的法律责任作出明确规定。证人、鉴定人拒绝出庭作证责任制度的缺位，就成为我国目前证人、鉴定人出庭率低的一个直接原因。因此，对证人、鉴定人出庭应该有强制性要求。尽管最高人民法院发布了《关于进一步做好死刑第二审案件开庭审理工作的通知》，这个通知对于死刑案件证人、鉴定人出庭是有很大促进作用的，但此通知仅仅是法院内部的一个文件而没有上升到法律层面，强制执行力不够，证人、鉴定人是否出庭，法官自由裁量的空间仍然很大，因此对于死刑案件出台专门的法律来规范证人、鉴定人出庭作证，是十分必要的。

（三）法律没有为证人、鉴定人出庭作证提供充分可靠的保护

我国法律尽管对证人、鉴定人出庭作证给予了一定的保护，但存在保护对象的规定相互矛盾、保护内容不足、保护力度不够等弊端。例如，我国《刑事诉讼法》规定的保护对象是证人和其近亲属，《刑事诉讼法》第 49 条规定："人民法院、人民检察院和公安机关应当保障证人及其近亲属的安全。对证人及其近亲属进行威胁、侮辱、殴打或者打击报复，构成犯罪的，依法追究刑事责任；尚不够刑事处罚的，依法给予治安管理处罚。"《人民检察院刑事诉讼规则》第 157 条至第 164 条作了相类似内容的规定。但我国刑法规定的保护对象仅仅是证人，我国《刑法》第 307 条第 1 款规定："以暴力威胁、贿买等方法阻止证人作证或者指使他人作伪证的，处三年以下有期徒刑或者拘役；情节严重的，处三年以上或者七年以下有期徒刑。"第 308 条规定："对证人进行打击报复的，处三年以上七年以下有期徒刑。"可见，《刑事诉讼法》的保护对象和《刑法》的保护对象相互矛

盾;另外,这种保护仅仅限于事后保护,没有对证人、鉴定人及他们的近亲属进行事前保护的规定;保护的内容仅仅是人身安全,而没有包括财产安全。

(四)历史的、传统观念因素的影响

中国人历来有“耻讼”、“仇讼”和“惧讼”的心理①,出庭指出别人的罪行,致使他人接受刑罚处罚甚至被判处死刑,是为儒家思想所排斥的。中国人历来主张“和”,追求“相安无事”,因此,不愿意得罪人是导致证人、鉴定人不出庭的思想根源。中国古代的贱讼,其实不是真正鄙视诉讼,而是害怕诉讼。“讼”不会给自己多少好的结果,故而贱讼;“讼”使人体面扫地,故而贱讼;“讼”使涉讼人可能被人捉弄、欺负,故而贱讼。贱讼实为恐讼。② 上述厌讼思想的产生和存续,与一个国家的法律观念和法律文化息息相关,在短时间内很难改变,唯一的途径只能依靠循序渐进的方式对全民进行法治理念教育。

(五)司法主体的消极态度

刑事审判实践中,就检察院而言,证人、鉴定人不出庭,有诸多利处,一方面,侦查、起诉阶段准备的证人证言和鉴定结论稳定性很高,如果一旦证人、鉴定人出庭,接受被告人、辩护人询问,结果怎样很难确定;另一方面,减少了检察院、公安机关调查核实证人证言、鉴定结论这一工作环节,减少了工作量,检察院不必为了寻找证人而奔波,仅仅依靠对证人证言和鉴定结论的形式审查就可以定案。就法院而言,证人、鉴定人不出庭也省去了通知证人、传唤证人的麻烦,还可以减少证人出庭的费用,节省了办案时间,由于法律的空泛,法院的做法也称不上违法,因此不必承担任何责任。检察院、法院不约而同的达成了“证人、鉴定人不必出庭的”默契,受到损害的只有被告人及其辩护人。

---

① 徐文忠、罗志勇:《构建我国刑事诉讼中的关键证人出庭制度》,载《法制与社会》2007 年第 1 期。

② 范忠信:《中国传统法律的基本精神》,山东人民出版社 2001 年版,第 243 ~247 页。

四、死刑案件审理中，完善证人、鉴定人出庭制度的建议

（一）立法应该明确规定死刑案件证人、鉴定人强制出庭制度

人民法院审理死刑案件，对于证据有重大疑点，或者是对证人、鉴定人的书面证言、鉴定结论提出异议的，重要证人、鉴定人必须出庭。不出庭作证的证人、鉴定人的书面证言、鉴定结论，不能当庭宣读、质证的，不得作为判处死刑的依据。死刑案件中，不出庭作证的证人、鉴定人从行为性质上可以看作妨碍刑事诉讼的正常进行，理应进行法律制裁。“没有责任就没有法律”①，外国法律都对拒绝作证规定了相应的惩罚。因此，笔者建议：在死刑案件审理中，一方面，对负有出庭义务的证人、鉴定人接到出庭通知后，无正当理由拒不出庭的，司法人员可以采取拘传、罚款等强制措施；另一方面，对于拒绝出庭作证，情节特别严重构成犯罪的，应追究刑事责任，建议在刑法中增设“拒证罪”或“藐视法庭罪”。

（二）司法机关判断证据证明力大小应遵循“当庭言词优势”原则

在证据的采信和证明力的大小上，证人在法庭上所做的证言与其书面证言不一致的，其当庭证言一般应该优于书面证言；出庭证人的证言与不出庭证人的证言不一致的，出庭证人证言一般要优于不出庭的证人证言。

（三）建立和完善证人、鉴定人保护制度

在很大程度上，证人、鉴定人之所以不出庭作证是惧怕利害关系人打击报复，因此，证人、鉴定人的保护在刑事诉讼中显的尤为重要。因此，笔者建议，《刑法》和《刑事诉讼法》的保护对象应统一规定为证人、鉴定人及其家属；建立证人、鉴定人出庭作证前、作证过程中的人身、财产保护制度；在公安机关内部建立统一的证人、鉴定人保护机构。以鉴定人出庭作证的事前保护为例，笔者建议其

① 樊崇义、陈永生：《我国刑事鉴定制度改革与完善》，载《中国刑事法杂志》2000 年第 4 期。

保护的具体制度设计为①:(1)庭审前对鉴定人及其家属的身份、住址进行保密;(2)对鉴定人及其家属的人身和财产安全,可以采取政府为其购买保险等措施;(3)在法庭作证阶段,对鉴定人进行24小时特殊保护;(4)对威胁、恐吓、打击报复鉴定人及其近亲属的行为进行严惩。

(四)建立和完善证人、鉴定人经济补偿制度

我国法律应该明确规定对证人、鉴定人出庭作证给予一定的经济补偿,如证人、鉴定人因出庭作证支付的交通费、住宿费、误工费等,以平衡证人、鉴定人的心理,使证人、鉴定人自觉履行出庭作证义务。但鉴定人应该略有不同,支出的费用和所受的经济损失如交通费、住宿费和误工费等应当主要在委托鉴定费中支出,法院只有在依职权指定鉴定时给予一定经济补偿。因为委托鉴定人是诉讼当事人的权利,鉴定人向委托人收取必要的鉴定费用,当然包括出庭的相关费用。

① 高德道、孙付:《试论完善我国鉴定人出庭作证制度》,载《广西社会科学》2001年第1期。

第四节　“办案情况说明”证据能力探讨*

近些年，学界在讨论警察出庭作证问题时，常常提到由公安机关向法庭出具的“办案情况说明”。并有一种倾向认为，“办案情况说明”不具有证据能力，以此作为警察应亲自出庭作证的一个重要理由，从而取代“办案情况说明”的“出庭”。笔者无意讨论警察是否应该出庭作证，更感兴趣的是：究竟何为“办案情况说明”，其证据能力又究竟如何呢？本节试作探讨。

一、“办案情况说明”的含义及其产生

“办案情况说明”不是规范的专业术语，只是一种概括的说法。在我国司法实践中，公安机关在办案中主动出具的情况说明，以及应法院、检察院的要求由公安机关出具的情况说明形形色色。在形式上存在各种不同的称谓，如“情况说明”、“说明”或“关于……的（情况）说明”等；在内容上涉及侦查办案的方方面面，比如抓获经过、立功、自首、现场勘查、鉴定、证人证言、搜查、扣押等方面，笔者把这些不同称谓、不同内容的情况说明统称为“办案情况说明”。

在我国司法实践中，公安机关向法庭出具的“办案情况说明”并不鲜见，相

* 寇松娜博士对本文亦有贡献，在此表示感谢。

反应用得非常普遍,有相当大比例的案件在审理过程中需要公安机关出具相关"办案情况说明",以说明或证明公安机关在办理案件时的特定细节。经常在同一个案件里,需要几份不同方面、不同内容的"办案情况说明"。

那么,这些"办案情况说明"具体是怎么产生的呢?据笔者了解,在我国司法实践中,"办案情况说明"主要在三个阶段产生:

一是侦查终结准备移送起诉阶段:公安机关侦查终结后,对全部案卷进行整理,以准备移送起诉。在这个过程中,如果侦查人员认为案卷中某些问题或细节可能使审查起诉人员阅卷时感到吃力或不解,就会针对相关问题或细节写出情况说明附在案卷中。例如,在有多个犯罪嫌疑人的案件中,案情比较复杂,对每个犯罪嫌疑人都是多次讯问,在案卷中共要附上几十份讯问笔录,且每份笔录显示的案情信息并非是一脉相承、清晰有序的,因为笔录形成的时间各不相同,内容往往也是相互交叉或重叠的。此时,为了方便审查起诉人员阅卷,迅速把握案情,侦查人员有时会出具审讯整体情况的说明,把讯问犯罪嫌疑人的先后情况和从审讯中获得的曾引导侦查方向的重要供述内容进行说明,使案情的明了过程一目了然。

二是审查起诉阶段:公安机关把案件移送到人民检察院,检察院在进行审查起诉时,如果发现案件中的某些问题或细节在现有案卷中未能明确,且没必要进行补充侦查,就会要求公安机关出具情况说明,对特定问题或细节作出解释和说明。比如,在一份尸体检验报告中,未说明尸体上伤口的细节特征,检察官无从判断伤口是何种凶器所致,从而无法进一步确定是否和案卷中所记录的"作案工具"吻合,此时就需要公安机关出具情况说明,对伤口的细节特征等鉴定情况作出补充说明。

三是一审法庭审理阶段:[①]人民检察院提起公诉,法庭审理时,如果合议庭认为需要明确侦查阶段的某些问题或细节,或者辩方要求明确侦查阶段的某些问题或细节,通常合议庭会休庭,如果合议庭认为不必要让警方出庭说明或警方拒绝出庭说明,就通过检察院通知公安机关出具书面情况说明,或者直接通知公安机关出具情况说明。[②] 例如,在现场勘查笔录中,对某一关键证据的提取情况未作明确说明,而明确该证据的来源对量刑有重要意义,这时就会通知公安机关出具有关该证据的具体情况说明。

此外,在二审、复核阶段,有时也需要公安机关出具相关的"情况说明"。

由此可见,"办案情况说明"由公安机关出具,贯穿于移送起诉、审查起诉和审判各个阶段,只要侦查机关、检察院和法院认为需要明确特定细节和问题,无论在哪个诉讼阶段,"办案情况说明"都可能产生。

二、"办案情况说明"的分类

这些形形色色的"办案情况说明",按照其是否具有证明作用,可以分为两大类:

一类就是普通的说明,没有证明作用,仅有助于法官明确案情和侦查过程,对定罪量刑也基本没有影响,比如,在共同犯罪案件中,部分同案犯在逃,只起诉

① 据笔者调查了解,还有部分"办案情况说明"是在庭前审查时产生的。虽然依据我国《刑事诉讼法》第150条规定,为了避免法官先入为主,庭前审查不再是实质性审查,检察机关起诉的案件不再移送全部案卷、证据,而仅仅移送起诉书、证据目录、证人名单和主要证据复印件或照片,但根据现行刑诉法规定,律师不能到检察院阅卷,因此,辩方在开庭前不了解控方究竟掌握了哪些证据材料,无法有针对性地准备辩护意见,致使法庭质证常常由于准备不足而流于形式。导致庭审的对抗性较弱,仅靠法庭审理,法官难以获取足够的判断案件事实的信息,所以仍有一些法院保留了庭前实质性审查,并在实质性审查中发现需要明确的侦查细节,从而需要公安机关出具情况说明。参见崔敏主编:《刑事证据学》,中国人民公安大学出版社2005年版,第96页。

② 法院直接通知公安机关出具情况说明于法无据,往往是在合议庭成员和侦查机关办案人员比较熟识的情况下,私下协商的结果。初衷在于避免检察院作为中介的耗时耗力。

了部分抓获在案的犯罪嫌疑人,有时法庭为了了解全部案情,就会需要公安机关的"同案犯在逃情况说明",但该在逃情况说明对于正在审理的犯罪嫌疑人的定罪量刑一般并没有证据意义。

另一类是"办案情况说明"被作为证据使用,有一定证明作用,对定罪量刑有影响。比如,同样是关于抓获经过的情况说明,如果说明里涉及某犯罪嫌疑人自首的情节,或帮助警方抓获同伙儿的情节,或抗拒抓捕造成严重后果的情节,那么该说明将对量刑有意义,将被作为从轻或从重处罚的证据。如果该说明的内容未涉及对定罪量刑有影响的情节,那么该说明就是普通的抓获经过说明,一般不具有证据意义,不被作为证据使用。①

因此,并非所有的"办案情况说明"都具有证据性质,应该区别对待。同时,并非没有证据作用的"办案情况说明"就一无是处,它有自己特定的作用和意义,帮助法官了解案情和侦查进程。

另外,作为证据的"办案情况说明"根据其作用的不同,笔者又将其大致分为三类:一类是证据补充性"办案情况说明",其对原证据材料起补充作用,另一类是证明侦查行为合法性的"办案情况说明",尤其是证明取证行为的合法性;还有一类是直接对量刑有影响的"办案情况说明",如关于犯罪嫌疑人自首、立功情节的说明。下面将根据分类一一进行阐述:

(一)证据补充性"办案情况说明"

所谓证据补充性"办案情况说明",是指侦查终结后,随案卷移送到检察院和法院的证据材料,由于存在模糊、笼统、遗漏等质量问题,侦查机关应检察院和法院要求就证据材料的特定细节和问题作出补充说明而形成的书面材料。司法

① 当然,严格地讲,抓获经过说明并非完全没有证明意义,有时尽管抓获经过说明未涉及自首、立功情节,对定罪量刑没什么意义,但每一个抓获经过说明至少能够证明案发的时间和地点等案件事实,尤其在抓获现行的案件中。

实践中，证据补充性“办案情况说明”主要有以下几种情况：

(1)针对现场勘查笔录的粗疏作出的补充说明；

(2)针对鉴定结论的粗疏作出的补充说明；[1]

(3)针对询问笔录的模糊作出的补充说明；

(4)针对讯问笔录的模糊作出的补充说明。

(二)证明侦查行为合法性的“办案情况说明”

证明侦查行为合法性的“办案情况说明”也有很多，比如，讯问情况说明、搜查说明、扣押说明、提取固定证据说明等。这些说明旨在证明侦查行为的合法性，至少关系两方面的问题：

一是侦查所获取的证据是否具有可采性。侦查行为的合法性问题，其中很重要的一部分是取证行为的合法性问题。在法庭对某些证据的合法性进行质证时，如果这些情况说明能够证明讯问、搜查、扣押、提取固定证据等侦查行为和过程的合法性，那通过这些侦查行为所获取的证据就具有可采性，否则将被法庭排除。

二是犯罪嫌疑人的合法权益是否被侵害。在我国司法实践中，侦查阶段是犯罪嫌疑人合法权益最容易受到侵害的诉讼阶段，任何违法的侦查行为都将可能导致犯罪嫌疑人合法权益的受损，如刑讯逼供、非法搜查扣押、超期羁押等。侦查行为是否合法与犯罪嫌疑人权益是否被侵害往往是相对应的，在法庭对犯罪嫌疑人特定合法权益是否受到侵害进行调查质证时，如果有“办案情况说明”能够证明特定侦查行为的合法性，那就排除了犯罪嫌疑人特定权益受侵的主张和犯罪嫌疑人特定权益可能受侵的怀疑。

---

[1] 司法实践中，针对鉴定结论作出的补充说明，一般称为“关于……的补充说明”、“关于……的补充鉴定”等。

（三）直接对量刑有影响的“办案情况说明”

直接对量刑有影响的“办案情况说明”，主要是公安机关对犯罪嫌疑人犯罪后的表现所作的情况说明。这类情况说明在法庭作为证据使用，一般不需要其他证据印证支撑，直接对量刑有影响，这类情况说明主要有：自首说明、立功说明、认罪态度说明、抓捕经过说明等。自首和立功是法定量刑情节，司法机关在定罪量刑时必须要考虑的。认罪态度好坏是衡量犯罪嫌疑人人身危险性的一个因素，在一定程度上影响量刑。抓捕经过里可能涉及某些犯罪嫌疑人自首、立功的情节，尤其是在有多名犯罪嫌疑人的案件中。抓捕经过有时还涉及犯罪嫌疑人是否悔罪的情节，可以从中衡量其人身危险性。如抓捕过程中是否因抗拒抓捕造成严重后果，就是衡量人身危险性的一个因素。因此，这类“办案情况说明”一旦查证，将对量刑产生影响，法庭将视具体情况决定从轻处罚、从重处罚、减轻处罚、加重处罚或免除处罚。

三、“办案情况说明”的证据能力

目前，学界关于“办案情况说明”的论述不多，在现有的笔者可查阅到的有关“办案情况说明”的论述里，很少见到对“办案情况说明”进行系统深入分析，大多只对其进行简单概括和介绍性说明，较为笼统、模糊。而且，对“办案情况说明”的界定往往较为狭义，一般只包含证明侦查行为合法性的“办案情况说明”和直接对量刑有影响的“办案情况说明”两类，忽略了其他类别，不够全面。因此，相应地，对“办案情况说明”证据能力的判断也就不够全面、准确。

所谓证据能力，是指证据在法律上可作为定案根据的资格和条件。① 证据能力，又称为证据资格，通俗地讲，就是指哪些事实和材料可以被用为证据，哪些

① 樊崇义主编：《证据法学》（第3版），法律出版社2004年版，第132页。

事实和材料则不能成为证据，也就是要解决证据是否可以采信的问题。① 则“办案情况说明”的证据能力，是指“办案情况说明”能否作为证据被采信的问题。

如前所述，“办案情况说明”只是一种概括的说法，司法实践中，具体的情况说明多种多样，笔者按其作用和性质将其分为几类。不同类别的“办案情况说明”，其证据能力也不同，笔者在此将逐一进行讨论。

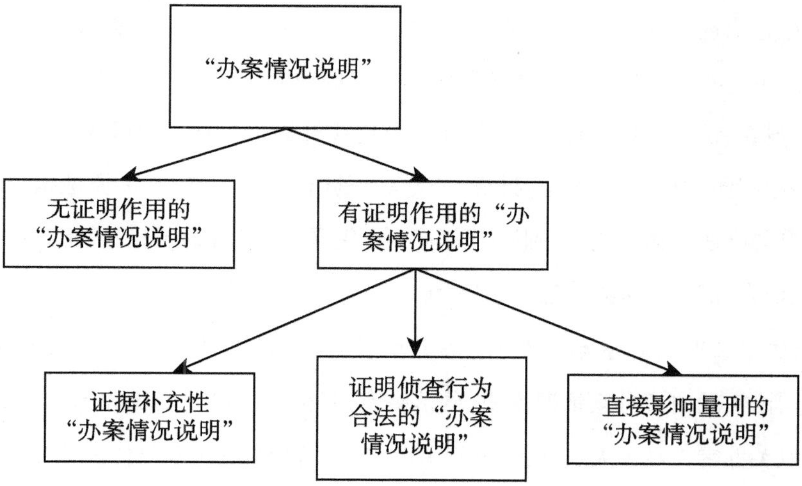

图 1　“办案情况说明”分类

（一）关于无证明作用的“办案情况说明”

如前所述，此类“办案情况说明”只是普通的说明，仅有助于法官明确案情和侦查过程，对定罪量刑也基本没有影响，不被拿来证明什么，没有特定证明作用。因此，此类“办案情况说明”不存在能否作为证据的问题，也不存在能否被法庭采信的问题，相应地也就无所谓是否存在证据能力的问题。对证据能力问题的讨论，主要针对有证明作用的“办案情况说明”而言的。

① 崔敏主编：《刑事证据学》，中国人民公安大学出版社 2005 年版，第 81 页。

(二)证据补充性“办案情况说明”的证据能力

证据补充性“办案情况说明”,指侦查机关应检察院和法院的要求,就原证据材料中的粗疏、模糊地方作出补充说明而形成的书面材料。原证据材料主要包括:现场勘查笔录、鉴定结论、讯问笔录、询问笔录、检查检验报告等。对这些证据材料中的粗疏、模糊问题作出进一步详细说明的“办案情况说明”,其出具人往往是原现场勘查人员、原鉴定人、原讯问人、原询问人、原检查人员、原检验人员。由这些人对自己的工作结果作进一步的详细补充说明,在本质上是对原笔录、报告、结论的具体化和细化。因而,这些补充性说明的性质和原笔录、报告、结论相同,应视为原笔录、报告、结论等证据材料的一部分,和原证据材料同样具有的合法证据形式,分别属于勘验检查笔录、鉴定结论、犯罪嫌疑人供述和辩解、证人证言、被害人陈述等,具有证据能力。

(三)证明侦查行为合法和直接影响量刑的“办案情况说明”的证据能力

司法实践中,“办案情况说明”的落款有三种情况:以公安机关单位名义;以公安机关办案人员个人名义;公安机关办案人员署名,其所属单位加盖公章。这两类“办案情况说明”的出具名义不同,其证据能力也不同。

1. 以单位名义

以单位名义出具的“办案情况说明”不具备证据的客观性属性,且既不能作为书证,也不能作为证人证言,不属于法定七种证据形式之一。因此,不能作为证据,没有证据能力。

(1)“办案情况说明”不具备证据的客观性属性。证据的客观性包含两层意思:一是一切诉讼证据,都是伴随案情进展而出现的实物、痕迹或反映现象。这些实物、痕迹或反映现象都是客观存在的,不依当事人的主观意志为转移。二是任何诉讼证据都不依办案人员的主观意志为转移的客观事实。① 而单位在事后的诉讼过程中制作的“办案情况说明”既不是源于案发过程，又附带了侦查人员主观加工的信息。因此，“办案情况说明”不符合证据的客观性要求，其不能作为证据。

(2)“办案情况说明”不是书证。书证是以文字、符号、图形等方式所记载的内容来证明案情的实物证据。② 所谓书证的客观性是指书证是形成于案件发生之前或案件发生过程中的文字材料，无论案件发生与否，它都客观存在。③ 同上文所述，单位在事后的诉讼过程中制作的“办案情况说明”既不是源于案发过程，又附带了侦查人员主观加工的信息。准确地说，“办案情况说明”仅仅是“说明”了侦查人员了解的案件事实，绝不是一种司法证明。④ 因此，“办案情况说明”不具备书证的客观性，不属于书证。

(3)“办案情况说明”不是证人证言。证人必须是自然人，单位不能作为证人。这是因为：第一，只有自然人才能借助于感观感知案件事实，并且发挥大脑的记忆功能将感知的信息存储起来，进入诉讼时，又可以通过口头的陈述把事情的经过描述出来。单位则不具有这种感知、记忆、复述的功能。第二，证人如果作伪证，必须承担法律责任，情节严重构成犯罪的，依法应科处刑罚，而对单位则难以“伪证罪”追究其刑事责任。⑤ 因此，以单位名义出具的“办案情况说明”不是证人证言。

2. 以办案人员个人名义

我国《刑事诉讼法》第 60 条规定：“凡是知道案件情况的人，都有作证的义

① 崔敏：《刑事证据学》，中国人民公安大学出版社 2005 年版，第 28 页。
② 崔敏：《刑事诉讼法教程》，中国人民公安大学出版社 2002 年版，第 328 页。
③ 张金明：《单位出具证明材料的证据形式探讨》，载《南京农业大学学报》2007 年第 3 期。
④ 刘品新：《刑事证据疑难问题探索》，中国检察出版社 2006 年版，第 36 页。
⑤ 崔敏：《刑事证据学》，中国人民公安大学出版社 2005 年版，第 140 页。

务。生理上、精神上有缺陷或者年幼,不能辨别是非、不能正确表达的人,不能作证人。"根据这一规定,证人的范围就比较广泛,凡是知道案件情况的人,都可以作为证人。另外,我国《刑事诉论法》虽然没有明确规定警察可以作为证人,但也没有禁止警察作为证人。因此,警察可以作为证人,至少并不违法。亲自参与案件办理过程的办案人员以个人名义出具的"办案情况说明",如说明自己受理犯罪嫌疑人投案自首的情节,说明自己讯问过程的情节,说明自己搜查、扣押过程的情节,等等,是对办案客观事实的直接表述,属于证人证言,具有证据能力。像普通证人证言一样,如果具备出庭条件,就办案人员就应出庭作证,接受质证。

以单位名义出具的"办案情况说明"因为是事后制作,不具备刑事诉讼证据的客观属性,不能作为证据,不能作为定罪量刑的依据,如果必须要向法庭说明某些细节,则可以转换为个人名义,由具体案件经办人以证人证言形式出庭说明。

3. 办案人员署名,单位加盖公章

如果亲自参与案件办理过程的办案人员以个人名义出具了"办案情况说明",所属单位又在该说明上加盖了公章,按照上述分析,实质上单位是在办案人员的证人证言上加盖了公章。单位的公章并未改变证人证言的性质,只能视为单位对证人身份资格的证明。该份情况证明仍然是办案人员的书面证言,具有证据能力。需要经由法庭质证,以确认该证人证言的证据能力和证明力。

此外,司法实践中,还有这样的现象:针对同一个要说明的情况,公安机关同时出具了两份"情况说明",一份以办案人员个人名义,未加盖单位公章,另一份以办案人员所属单位名义,并加盖单位公章。在这种情况下,根据上述分析,具有证据能力的依然只有前者。

通过以上层层分析,对办案情况说明,应分具体情况区别对待,不应眉毛胡子一把抓,否定所有"办案情况说明"的证据能力,笼统地要求所有的办案情况说明都退出历史舞台。在各类“办案情况说明”中，只有以公安机关单位名义出具的“办案情况说明”不具有证据能力。

四、部分“办案情况说明”被采信的现实弊端

无证明作用的“办案情况说明”，因其不涉及证明资格、证明力问题，就无所谓是否采信，更没什么采信弊端可言。这里的弊端，主要是针对在司法实践中被作为证据使用的“办案情况说明”而言的。其弊端主要体现在三个方面：

（一）把以单位名义出具的“办案情况说明”作为定罪量刑的证据，有滥用证据之嫌

如前所述，以单位名义出具的“办案情况说明”既非书证，又非证人证言，不属于法定的七种证据范畴，同时不具备证据的客观性属性，因此不具有证据能力。司法实践中，把不具有证据能力的“办案情况说明”作为证据使用，作为定罪量刑的根据，模糊了证据的含义，冲击了证据采信规则，有滥用证据之嫌，有损司法公正。

（二）采信证人证言性质的“办案情况说明”，剥夺了辩方的质证权等合法权益

即使是具有证据能力的“办案情况说明”，如果属于证人证言类证据，若未经法庭质证即被采信，有违直接言词原则，难以保证法庭审理认定事实的客观性；同时其未经质证即被采信，剥夺了辩方的法庭质证权和交叉询问权，损害了辩方的合法权益，不利于诉讼公正。这一点，正是有些学者主张在我国确立警察出庭作证制度的一个重要原因。由警察取代“办案情况说明”出庭，接受交叉询问和质证，才有利于法庭查明案情，正确裁判。这方面的弊端，其他被当庭宣读的证人证言一样存在，因此如何有效提高包括警察在内的证人出庭率，是我国刑事诉讼所面临的重要课题。

（三）为徇私枉法提供了滋长的土壤

"办案情况说明"，因其不必经法庭质证，就为徇私枉法提供了机会。如对于被告人自首、立功等量刑情节存在与否的问题，将取决于"办案情况说明"怎么写。一旦办案人员或公安机关经受不起诱惑或压力，就容易捏造虚假的自首、立功等情节，为某些人开脱罪责。而载有虚假情节的"办案情况说明"未经过法庭质证，不容易露出破绽。若经宣读即被法庭采信，就成为安全系数很高的袒护工具。

五、结语

"办案情况说明"是一种概括的说法，它涵盖了多种形式、多种内容的情况说明，其究竟是否具有证据能力，要视具体情况而定；其究竟是否要有必要由警察出庭作证来取代，也要视具体情况而定。

部分"办案情况说明"只有普通说明意义，没有证明作用，并不必然要让警察出庭来取代这些情况说明。以单位名义出具的"办案情况说明"不具备证据能力，不应在法庭审理中被作为证据采信，可以转化为办案人员个人（警察）的陈述，以证人证言形式，或由警察出庭陈述，或由警察出具书面陈述。具备证据能力的"办案情况说明"，其中归属于勘验检查笔录、鉴定结论、犯罪嫌疑人供述和辩解、被害人陈述四类证据的，由于中国警力资源的紧张和物质保障的欠缺等原因，目前暂不能像英美法系国家那样要求办案警察普遍出庭作证；其中属于证人证言的"办案情况说明"，则和其他未经法庭质证的普通证人证言一样存在弊端，应建立相关制度，以提高包括警察在内的证人出庭率，非特殊情况，如办案警察因伤病无法出庭作证，应尽量避免"办案情况说明"作为证人证言不经质证而仅仅当庭宣读即被采信，以保障诉讼的公正性。

另外，要注意到：并非所有的"办案情况说明"一经公安机关出具，就当然被法庭认可或采信。法庭根据“办案情况说明”的质量和实际需要,对是否采信进行判断。有时,虽然公安机关出具了“办案情况说明”,但在辩方坚持要求警方出庭作证时,或者法庭认为该情况说明不足以说明问题而有必要让警方出庭时,就会通知公安机关派员出庭作证。当然,这种情况比较少,因此,警察出庭的现象在我国司法实践中是存在的,但是比较零星、少见。

第五节　论侦查决策的领导行为属性*

关于侦查决策,传统的研究基本上是从侦查学、决策论的角度来探讨,研究视角未能离开侦查的专业领域。如果能证明侦查决策具备领导行为属性,即是一种领导行为,则可以开辟新的研究视角,将西方领导理论引入到侦查决策当中,为提高侦查决策效能、提升决策科学化水平、促进决策的规范化提供了新的理论支撑。

一、从新视角探讨侦查决策

领导行为是行为科学研究的主要内容之一。为了解决领导行为的效能问题,众多西方管理学家和组织行为学家进行了大量的实验和研究,提出了一系列理论,即西方领导理论。西方领导理论对领导特质、领导风格、领导方式以及影响领导效能的情境因素进行了探索,被广泛应用到管理实践中,对领导效能的提高起到及其重要的促进作用。如果能证明侦查决策具备领导行为属性,即是一种领导行为,则可以将西方领导理论引入到对侦查决策行为的研究当中,以提高侦查决策的效能。

侦查决策的涵义有狭义和广义之分。狭义的侦查决策是指决策者对侦查方

* 本文寇松娜博士亦有贡献,在此表示感谢。

案的选择，即通常所说的“拍板”。广义的侦查决策，则是指决策者对侦查方案的设计、选择和实施的整个过程。本书中的侦查决策是从广义的层面而言的，即指一种完整的决策行为过程，而非作出决策的瞬间行为。

决策是否正确关系到侦查工作的成败。在侦查工作中，决策是侦查工作开展的核心内容，决策的结果决定着侦查方向、侦查范围、侦查措施和方法、侦查力量的部署安排等。可以说，没有侦查决策，就无所谓侦查。决策正确，侦查工作就可以顺理成章，快速实现侦查目的。相应地，决策错误将导致侦查工作走弯路，浪费本不充足的侦查资源，增加侦查人员的工作负担，降低侦查效率。如果决策不及时，贻误战机，可以直接导致整个侦查工作陷入被动，甚至造成无法弥补的人员伤亡和重大财产损失。尤其在特定犯罪行为已经开始实施，需要及时阻止犯罪结果发生的情况下，决策失误就可能使阻止犯罪结果发生的目的落空，导致侦查工作失败。如在爆炸案件中，决策迟缓可能错过有效排爆时机，因爆炸发生而造成严重后果。

鉴于侦查决策在侦查实践中的重要作用，在理论上研究侦查决策、为侦查决策实践提供理论支撑是非常必要的。然而，目前关于侦查决策的研究成果还比较少，且传统的研究基本上是从侦查学、决策论的角度来探讨，研究视角未能走出“家门”。本书立意在于拓宽研究视野，开辟新的视角，对侦查决策行为进行跨学科探索，通过论证侦查决策行为具有领导行为属性，探索借鉴西方领导行为理论的可能性，以期对提高侦查决策效能，乃至提高整个侦查工作效能达到“他山之石”的功效。

二、领导行为、领导理论概述

“领导”一词常用的有两种含义：一是指领导者（leader）；二是指领导行为、领导活动（leading）。本书中的“领导”，特指后者，即一种行为或活动过程。领导是激励、引导和影响个人或组织，在一定的条件下，实现组织目标的行动过程。①

“领导行为对一个部门、一个企业的管理的好坏具有决定性的影响，它是组织领导一个部门或企业人力、物力、财力以及调动一切积极因素的关键。”②

人们往往将领导和管理这两个术语交互使用。实际上，管理和领导的含义是不同的。管理有多种职能，例如计划、决策、组织、领导和控制等。领导仅是管理职能之一。因而，管理的外延比领导大。管理者可能处于非真正领导者的位置，有许多管理者并不是领导者。同样，一些卓越的领导者却不是管理者。③

在西方，对领导行为的研究和领导思想的论述，从古希腊就开始了。而对现代领导理论的研究，则是从19世纪中后期开始的。西方领导理论的发展，主要循着这样一条脉络：由领导发生理论（特质论）、领导形态理论（行为论）向领导生态理论（情境论）发展。④

在领导理论研究的早期，研究者关注的是领导者自身特质对领导效能的影响。他们试图发现领导者区别于非领导者、有效领导者区别与非有效领导者的个人特质。研究认为，有效领导者一般具备普通人不具备的特质，如诚实、前瞻、令人鼓舞、果断、自信、乐观、独创性等。20世纪40年代末，领导特质理论（trait theories）在领导研究领域占主导地位。但领导特质理论存在理论缺陷，比如，并没有普遍适用性的特质可以在所有情境下预测领导力，且即使某个个体表现出这些特质，其他人把这个人视为领导者，并不必然意味着该领导者一定能够成功地带领他人实现目标。⑤

① 眉悦红主编：《管理学》，经济管理出版社2007年版，第172页。

② 苏东水：《现代西方行为科学》，山东人民出版社1986年版，第65页。

③ [美]罗伯特·N. 卢西尔（Robert N. Lussier）：《管理学基础：概念、应用与技能提高》，高俊山、戴淑芬译，北京大学出版社2007年版，第464页。

④ 冯秋婷主编：《西方领导理论研究》，人民出版社2008年版，第14页。

⑤ [美]斯蒂芬P. 罗宾斯：《组织行为学》，孙健敏、李原译，中国人民大学出版社2005年版，第345页。

领导特质理论没有回答如何进行有效领导这一问题，无法准确预测领导是否有效。于是，管理学家和组织行为学家把目光转移到领导行为本身，对领导方式和领导风格进行研究，想了解有效的领导者是否在领导行为上有独特之处。领导行为理论（behavioral theories）由此产生。如果领导行为研究找到了决定有效领导的关键因素，就可以对渴望成为有效领导者的个体进行培训，教他们学习进行有效领导的特定行为范式。领导行为理论主要有：四分图理论、管理方格理论、PM 理论等。

领导行为理论在确定领导行为与群体绩效之间的一致性上获得了一定的成果，但行为理论忽视了可能影响领导行为成功与失败的情境因素，达不到作为一个适当的总体领导理论的程度。于是，研究者又把注意力转移到了领导的情境方面。领导情境理论又称为领导权变理论。主要有以下几种理论：费德勒权变领导模型、领导的生命周期理论、途径—目标理论、艾凡雪维其的情境因素理论等。

三、侦查决策属于领导行为

（一）领导行为的基本要素

要证明侦查决策是一种领导行为，必须首先明确领导行为的结构以及每个构成要素的特征和功能。然后具体剖析侦查决策行为的结构特征和要素功能。在此基础上，对侦查决策行为是否属于领导行为作出回答。

领导是一种行为过程，这个过程由一些基本要素构成。领导者虽然在领导行为中起主导作用，然而，被领导者、组织环境等也是影响领导行为有效性的重要因素。因此，在西方的领导理论中，领导者、被领导者（追随者）和组织环境被称为领导的三要素。[①]

1. 领导者

领导者也是组织中的一员,和组织中的其他成员有共同的组织目标,是实现组织目标的带头人。领导者是领导行为的核心要素,在领导这一行为过程中起主导作用。领导者与其他组织成员之间是一种领导与被领导的分工关系,在领导活动中负责确立行动目标、进行决策和监督指导决策实施。领导者可以是独立的个体领导者,也可以是两个人以上的团体领导者。无论是个体领导者,还是团体领导者,都应该具备适应特定领导岗位的良好素质;对于团体领导者,还必须有合理科学的结构,这是有效领导的前提。具体而言,领导者在组织中发挥以下几个方面的作用:(1)引导功能;(2)组织功能;(3)激励功能;(4)控制功能;(5)指挥功能;(6)协调功能。此外,还有沟通功能、教育功能等。[②]

2. 被领导者

被领导者与领导者是相对而言的。所谓被领导者,是指在领导者组织、指挥和管理之下,进行社会活动的人员,既是领导活动的执行者,又是领导目标的实施者。[③] 需要注意的是,领导者与被领导者之间的关系是双向的,人们很容易认识到领导者对被领导者的作用力,却常常忽视被领导者对领导者的影响。在组织中,领导者和被领导者都是主体,为了共同的组织目标而行动,只是角色分工不同。相对于领导者的主导地位,被领导者并非是完全被动的。被领导者素质的高低、工作能力的强弱,是否具有较强的工作积极性、主动性、自觉性,是否有较强的团体意识和合作意识,以及与领导者的关系状态等,与领导的有效性和组

① 熊勇清:《组织行为学》,湖南人民出版社 2006 年版,第 221 页。也有著述认为领导的基本要素有四个,即领导者、追随者、领导目标和领导环境。参见金延平:《领导学》,东北财经大学出版社 2007 年版,第 3 页。

② 熊勇清:《组织行为学》,湖南人民出版社 2006 年版,第 230 页。

③ 熊勇清:《组织行为学》,湖南人民出版社 2006 年版,第 222 页。

织目标的实现程度密切相关。

3. 领导环境

事物之间是普遍联系的,领导活动以及领导关系不可能孤立地发生,总是存在于一定的环境中。领导者和被领导者在实现组织目标的过程中,不可避免地要受到客观环境因素的影响。客观环境因素可能对实现组织目标有利,也可能制约组织目标的实现。环境因素的变化,会影响到领导过程和领导效果。领导环境包括内部环境和外部环境。

领导内部环境,指组织环境。领导者和被领导者是组织中的成员,发生在领导者和被领导者之间的领导活动总是处于一定的组织中,脱离了组织,就无所谓领导者、被领导者、领导活动了。组织是领导活动赖以存在的基础和载体。组织内的人事结构是否科学、规章制度是否合理、凝聚力的强弱和士气高低等,构成领导活动的组织环境,这些因素对领导的有效程度产生重要影响。

领导外部环境,指领导活动赖以存在的组织的外部环境,也可成为社会环境。外部环境因素包括社会舆论、政策法规、经济水平等社会背景。这些因素虽然和组织内的领导活动没有直接关系,却能对领导活动产生或轻或重的影响。因为组织不是孤立存在的,而必然是处于社会大环境中。领导活动的出发点,是带领组织成员实现组织目标,在实现组织目标这一活动过程中,不可避免地要与组织外的环境发生这样那样的联系。比如,国家法规政策的调整,可能会影响组织原目标的实现,领导者不得不改变实现目标的计划,相应调整组织内的活动安排。

(二)侦查决策具备领导行为三要素

证明侦查决策行为属于领导行为的第二步,就是要论证侦查决策亦具备上述领导行为三要素。

1. 侦查决策行为处于特定的组织环境中

何为组织？名词意义上的组织(organization),是指组织系统,即通过组织活动而形成的功能相关的群体的集合，具有体现分工、协作以及相应权责关系的结构模式。[①] 由此可知，组织是群体的集合，是由人组成的系统。

一般而言，组织具有以下共同特征：(1)每一个组织都有明确的目标；(2)拥有相应的资源，如人才、资金、设备、技术等；(3)组织有科学的结构层次，各层次有明确的责任、义务、权利、权力等，组织成员分工协作；(4)任何组织都离不开环境，都需要与环境进行物质、信息的交换，都需要适应环境的变化。[②]

基于上述组织的概念和特征，本书认为可以把由侦查决策者和决策实施者组成的决策群体视为一个组织。理由如下：

第一，侦查决策者和决策实施者构成了组织的群体基础。侦查决策行为不是个体行为，侦查决策行为依靠侦查决策者和侦查决策实施者共同完成，决策者和决策实施者组成了决策群体。

第二，侦查决策群体具备组织的共同特征。侦查决策群体有共同的目标，即侦查破案。侦查决策群体拥有自己的侦查资源，如一定的警力、办案经费、侦查技术和设备等。侦查决策群体亦有一定的层次划分，决策者和决策实施者在侦查活动中都有明确的职责分工。侦查决策群体不是孤立的，而是存在于一定的环境中。对内而言，侦查决策群体是公安机关侦查部的一个群体，对外必然与社会中的其他个人和组织存在联系。

尽管把侦查决策群体视为组织有一定的依据，但得承认，该组织与传统意义上的组织仍存在不同，传统意义上的组织，如医院、工厂、学校、政府机关等。本书大胆把传统的组织概念进行扩大理解，把侦查决策群体视为一个组织。以便引入相关组织理论对侦查决策进行研究。

① 熊勇清：《组织行为学》，湖南人民出版社2006年版，第1页。

② 熊勇清：《组织行为学》，湖南人民出版社2006年版，第1～2页。

2. 侦查决策中存在领导者

如前所述,领导者是实现组织目标的带头人,在领导活动中负责确立行动目标、进行决策和监督指导决策实施。侦查决策的目标是破获案件,带领全体侦查员实现这一目标的是侦查决策者。在侦查实践中,侦查活动全局都由决策者掌控,决策者,是整个决策活动的核心,更是侦查活动的核心。在决策活动中充分发挥着领导者的作用,具体表现如下:

(1)引导侦查决策实施者为实现侦查破案这一共同目标而努力。在侦破过程中,侦查决策者根据案件情况确立每个侦查阶段的具体目标,以此为导向进行针对性的决策部署,随时掌握实施进展情况,并即时进行新的决策。通过这些活动,决策者引导着全体侦查员始终围绕着破案这一最终目标而展开有效行动。

(2)激发侦查决策实施者的破案热情和积极性。激励是领导者的又一个重要作用。在侦查实践中,侦查决策者发挥着这样的功能。例如,专案组成立后,决策者经常召开侦破案件动员大会,向全体专案组侦查员通报案件情况以及案件造成的恶劣社会影响,转达有关政府领导和上级公安机关领导对案件的批示和重视,明确案件受害人和广大群众对侦破案件的期盼以及不能破获案件将带来的负面影响等,以此激发专案组全体侦查员的职业责任感和破案积极性。

(3)组织指挥决策实施。负责决策实施的往往是团体决策者中的下层决策者。上层决策者如正副指挥长,上层决策者往往是上级公安机关主管刑侦的领导或本级公安机关的局长等,他们只负责作出决策判断,而由参与决策的主管刑侦的副局长、副政委、局长助理具体组织实施。这里的组织实施决策,实质上就是指挥。

(4)控制侦查决策活动全局。在侦查决策中,何时决策,决策的具体目标,决策的具体内容,是否需要再次决策等,都由决策者根据客观案件情况掌握。同时,对决策实施情况进行宏观把握,密切关注决策实施的反馈信息,根据反馈信息及时调整侦查部署,完善侦查方案。

可见,侦查决策者在决策群体中担当着领导者角色。

3. 侦查决策中存在被领导者

在侦查决策中,相对于决策者的主导地位,决策实施者处于被动地位,接受决策者的领导,属于被领导者。这主要体现在两个方面:

(1)侦查决策实施者在侦查活动中的具体任务来自决策者的部署。在侦查活动中,侦查决策者需要做什么不是由自己决定的。采取什么侦查措施或手段、何时何地开展行动、多少人参与行动等,都是听从决策者的指挥部署。在侦查实践中,由于侦查活动的特殊性,决策决策活动往往实行高度的集中,侦查决策实施者只需要严格执行上级命令,圆满完成所分配的任务,即使有不同意见,也服从侦查活动大局,保留意见。当然,服从命令也是需要灵活性的,有事实和证据证明决策层下达的命令存在明显错误或明显不合理时,需要及时向上级反映。

(2)侦查决策实施者在职衔上处于被领导地位。一般情况下,侦查决策实施者的职衔总是低于决策者。性质轻微的刑事案件,决策者往往是刑侦责任区中队长、副中队长,决策实施者是中队普通侦查员。性质严重侦查难度稍大的案件,决策者多为主管刑侦的副局长、政委、刑侦大队长、副大队长等,决策实施者多为刑侦大队直属的中队长及其以下普通侦查员。在重大复杂的案件中,往往采取团体决策形式,决策层级别较高,刑侦大队长、副大队长都降格为决策实施者。此外,在重大复杂的案件中,除了刑侦大队的侦查员实施决策,出于破案警力需要,还会有刑侦大队以外的民警被抽调进入专案组执行侦查任务。被抽调的民警多为治安大队、防暴大队、派出所等部门的普通民警,有时这些部门的副职负责人也会被抽调进专案组执行任务。由此可以看出,决策实施者往往是决策者的下级,在职衔序列上低于决策者,处于被领导地位。

通过上述分析可知，由侦查决策者和决策实施者组成的决策群体是一个组织，该组织是侦查决策行为存在的基础。没有侦查决策者和决策实施者，就没有侦查决策群体这个组织，而没有这个组织就不可能有侦查决策行为。因而，侦查决策群体组织、侦查决策者和决策实施者三者相互依存，缺一不可。其中，侦查决策群体组织是侦查决策行为赖以生存的内部环境，侦查决策者在该组织中起着领导者的作用，而决策实施者实际上处于被领导的地位成为被领导者。

领导行为的三要素是领导者、被领导者和环境，而侦查决策行为又具备此三要素，依据逻辑学的相关原理，可以推导出：侦查决策行为是领导行为。

证明侦查决策行为具有领导行为的属性，是将西方领导理论应用到侦查决策实践中的前提。既然侦查决策是领导行为，就为笔者在今后的研究中从领导行为的视角探讨如何提高侦查决策效能铺平了道路。

四、结语：对从新视角探讨侦查决策的展望

如前所述，领导行为是行为科学研究的主要内容之一，以领导行为为媒介，将行为科学的相关知识和原理与侦查决策实践有机结合起来，是侦查学研究的一个新途径。因而，证明侦查决策行为具有领导行为属性具有重要的理论和现实意义。

以领导行为为视角，借鉴西方领导理论对侦查决策行为进行研究，必将有广阔的探索空间，有望取得丰硕的成果。例如，领导特性理论虽然存在不足，但其研究结果对于如何挑选和培养领导者具有重要的指导和启发意义。“有许多领导选拔工具和领导培养训练的计划都是以领导特性理论为基础研究开发出来的，并在实践中取得了成功。”①

① 熊勇清：《组织行为学》，湖南人民出版社 2006 年版，第 237 页。

又如,侦查决策者是否优秀,是决定侦查决策效能高低的重要因素之一,而领导特质理论证明了具备某些特质确实能提高领导者成功的可能性,并列出了这些特质。同时,侦查决策做为一种领导行为,其行为的科学化当然是研究的重点,但对这种领导行为的有效规制、规范也是决策科学化的重要前提。因此,从领导行为的视角研究侦查决策,更加开阔了研究视野,意义重大。

参考文献

一、著作类

(一)中文著作

[1]张明楷:《外国刑法纲要》,清华大学出版社2007年版。

[2]陈兴良:《刑法全书》,中国人民公安大学出版社1997年版。

[3]陈兴良:《刑法疏议》,中国人民公安大学出版社1997年版。

[4]王利宾:《酌定量刑情节规范适用研究》,上海社会科学院出版社2010年版。

[5]张军、姜伟、朗胜、陈兴良:《刑法纵横谈》,法律出版社2003年版。

[6]周振想:《自首制度的理论与实践》,人民法院出版社1989年版。

[7]陈兴良:《当代中国刑法新境域》,中国政法大学出版社2002年版。

[8]张明楷:《刑法的基本立场》,中国法制出版社2002年版。

[9]韩轶:《自首制度探解》,法律出版社2007年版。

[10]朱玉光:《自首、立功、坦白认定指南》,法律出版社2015年版。

[11]丁慕英等:《刑法实施中的重点难点问题研究》,法律出版社1998年版。

[12]敬大力:《渎职罪》,中国人民公安大学出版社2003年版。

[13]李春雷、张鸿巍:《外国刑法学概论》,北京大学出版社2011年版。

[14]李洁:《犯罪结果论》,吉林大学出版社1994年版。

[15]陈兴良:《本体刑法学》,商务印书馆2001年版。

[16]陈兴良:《刑法适用总论》(上卷),中国人民大学出版社2006年版。

[17]胡驰:《国家工作人员失职犯罪界限与定罪量刑研究》,中国方正出版社2000年版。

[18]胡鹰:《过失犯罪的定罪与量刑》,人民法院出版社1995年版。

[19]黄现师:《渎职罪犯罪构成研究》,中国政法大学出版社2013年版。

[20]贾济东:《渎职罪构成研究》,知识产权出版社2005年版。

[21]李希慧、刘宪权:《中国刑法年会文集》(第2卷)(上册),中国人民公安大学出版社2005年版。

[22]刘艳红:《开放的构成要件理论研究》,中国政法大学出版社2000年版。

[23]卢海霞等:《渎职罪规范研究》,中国检察出版社2013年版。

[24]《法国新刑法典》,罗结珍译,中国法制出版社2003年版。

[25]马克昌:《比较刑法原理——外国刑法学总论》,武汉大学出版社2012年版。

[26]缪树权、郭冰:《渎职犯罪的司法认定与证据适用》,中国检察出版社2014年版。

[27]缪树权:《渎职、侵权案件重点、难点问题法律适用》,中国法制出版社2006年版。

[28]赵秉志:《犯罪主体论》,中国人民大学出版社1989年版。

[29]赵秉志:《刑法改革问题研究》,中国法制出版社1996年版。

[30]吴富丽:《刑法谦抑实现论纲》,中国人民公安大学出版社2011年版。

[31]吴玉梅:《德国刑法中的客观归责研究》,中国人民公安大学出版社2007年版。

[32]肖中华:《犯罪构成及其关系论》,中国人民大学出版社2000年版。

[33]魏颖华:《渎职罪定罪事实暨证据研究》,中国人民公安大学出版社2011年版。

[34]吴存在:《渎职犯罪的法律适用》,人民法院出版社2001年版。

[35]张绍谦:《刑法因果关系研究》(第2版),中国检察出版社2004年版。

[36]张亚军:《刑法中的客观归属论》,中国人民公安大学出版社2008年版。

[37]祝铭山:《中国刑法教程》,中国政法大学出版社1998年版。

[38]熊勇清:《组织行为学》,湖南人民出版社2006年版。

[39]崔敏:《刑事诉讼法教程》,中国人民公安大学出版社2002年版。

[40]崔敏:《刑事证据学》,中国人民公安大学出版社2005年版。

[41]刘品新:《刑事证据疑难问题探索》,中国检察出版社2006年版。

[42]陈国庆:《新型受贿犯罪的认定与处理》,法律出版社2007年版。

[43]郭竹梅:《受贿罪新型暨疑难问题研究》,中国检察出版社2009年版。

[44]孙国祥:《新类型受贿犯罪疑难问题解析》,中国检察出版社2008年版。

[45]肖中华:《贪污贿赂罪疑难解析》,上海人民出版社2006年版。

[46]史际春、邓峰:《经济法总论》,法律出版社1998年版。

[47]黄毅:《银行监管与金融创新》,法律出版社2009年版。

[48]周英:《金融监管论》,中国金融出版社2002年版。

[49]李永升:《金融犯罪研究》,中国检察出版社2010年版。

[50]刘宪权:《金融犯罪刑法学专论》,北京大学出版社2010年版。

[51]张明楷:《罪刑法定与刑法解释》,北京大学出版社2010年版。

[52]杨兴培:《经济犯罪和经济刑法研究》,北京大学出版社2008年版。

[53]陈辐宽:《金融证券犯罪疑难问题解析》,中国检察出版社2009年版。

[54]赵秉志:《中国疑难刑事名案法理研究》,北京大学出版社2008年版。

[55]杨正万:《死刑的程序限制》,中国人民公安大学出版社 2008 年版。

[56]赵秉志:《刑事法治发展研究报告》,中国人民公安大学出版社 2006 年版。

[57]胡常龙:《死刑案件程序问题研究》,中国人民公安大学出版社 2003 年版。

[58]甄贞主编:《刑事诉讼法学研究综述》,法律出版社 2002 年版。

[59]冀祥德:《最新刑事诉讼法释评》,中国政法大学出版社 2012 年版。

[60]段书臣:《证明标准问题研究》,人民法院出版社 2007 年版。

[61]宋英辉、孙长永、刘新魁等:《外国刑事诉讼法》,法律出版社 2006 年版。

[62]王安异:《刑法中的行为无价值与结果无价值研究》,中国人民公安大学出版社 2005 年版。

[63]黎宏:《日本刑法精义》,中国检察出版社 2004 年版。

[64]田宏杰:《刑法中的正当化行为》,中国检察出版社 2004 年版。

[65]师维:《警察法若干问题研究》,中国人民公安大学出版社 2012 年版。

[66]郭泽强:《正当防卫制度研究的新视界》,中国社会科学出版社 2010 年版。

[67]陈兴良:《罪刑法定主义》,中国法治出版社 2010 年版。

[68]夏菲:《论英国警察权的变迁》,法律出版社 2011 年版。

[69]孙多勇:《突发事件与行为决策》,社会科学文献出版社 2007 年版。

[70]张祎:《管理学原理》,合肥工业大学出版社 2007 年版。

[71]雍琦:《法律逻辑学》,法律出版社 2004 年版。

[72]张智光:《决策科学与艺术》,科学出版社 2006 年版。

[73]郭立夫、李北伟:《决策理论与方法》,高等教育出版社 2006 年版。

[74]杨郁娟:《侦查权的逻辑与经验》,中国人民公安大学出版社 2010 年版。

[75]任惠华:《法治视野下的侦查效益问题研究》,群众出版社 2009 年版。

[76]苏勇:《当代西方管理学流派》,复旦大学出版社 2007 年版。

[77]陈相灵:《决策智慧与历史博弈》,国防大学出版社 2010 年版。

[78]张彩江:《复杂系统决策理论》,广东人民出版社 2006 年版。

[79]王仁法、舒重熙:《侦查逻辑能力》,广东人民出版社 2005 年版。

[80]李延铸、李文健:《侦查逻辑学》,西南交通大学出版社 1991 年版。

(二)译著

[81][英]麦高伟、杰弗里·威尔逊:《英国刑事司法程序》,刘立霞等译,法律出版社 2003 年版。

[82][美]爱伦·豪切斯泰勒·斯黛丽、南希·弗兰克:《美国刑事法院诉讼程序》,陈卫东、徐美君译,中国人民大学出版社 2002 年版。

[83][德]克劳斯·罗克辛:《德国刑法学总论》(第 1 卷),王世洲译,法律出版社 2005 年版。

[84][意]贝卡利亚:《论犯罪与刑罚》,黄风译,中国大百科全书出版社 1993 年版。

[85][法]孟德斯鸠:《论法的精神》,张雁深译,商务印书馆 1987 年版。

[86][英]阿克顿:《自由与权力》,侯健、落亚峰译,商务印书馆 2001 年版。

[87][美]E. 博登海默:《法理学:法律哲学与法律方法》,邓正来译,中国政法大学出版社 2004 年版。

[88][日]西田典之:《日本刑法总论》,刘明祥、王昭武译,中国人民大学出版社 2007 年版。

[89][日]大谷实:《刑法总论》,黎宏译,法律出版社 2008 年版。

[90][日]大冢仁:《犯罪论的基本问题》,冯军译,中国政法大学出版社 1993 年版。

[91][日]大冢仁:《刑法概说(总论)》,冯军译,中国人民大学出版社2003年版。

[92][日]西原春夫:《犯罪实行行为论》,戴波、江溯译,北京大学出版社2006年版。

二、论文类

(一)期刊论文

[93]赵秉志、彭新林:《论酌定量刑情节在限制死刑适用中的作用》,载《中国刑事法杂志》2011年第12期。

[94]马克昌:《有效限制死刑的适用刍议》,载《法学家》2003年第1期。

[95]房清侠:《酌定量刑情节的学理研究》,载《法学家》2001年第5期。

[96]彭新林:《酌定量刑情节限制死刑适用:价值、空间与路径》,载《法学》2014年第9期。

[97]田书彩:《渎职犯罪主观心态探究》,载《人民检察》2000年第12期。

[98]王福生:《浅谈徇私枉法罪客观方面的认定》,载《人民检察》2001年第3期。

[99]王作富、刘志远:《徇私舞弊不移交刑事案件罪的司法适用》,载《中国刑事法杂志》2000年第3期。

[100]魏颖华、李莉:《论渎职罪主体的刑事司法判断》,载《中国刑事法杂志》2011年第8期。

[101]肖本山:《食品监管渎职罪的若干疑难问题解析》,载《法律科学》(西北政法大学学报)2012年第3期。

[102]肖中华:《犯罪构成要件及相关范畴辨析》,载《法学研究》2001年第2期。

[103]谢文钧:《中国古代职务过失犯罪立法论析》,载《法学研究》2005 年第 5 期。

[104]黄京平、杜强:《余罪自首成立要件解析》,载《政法论坛》2003 年第 5 期。

[105]项谷:《自首在司法认定中的疑难问题解析》,载《政治与法律》2008 年第 7 期。

[106]陈雷:《论国际反腐公约中滥用职权罪的特点》,载《福建公安高等专科学校学报》2006 年第 2 期。

[107]陈兴良:《从归因到归责:客观归责理论研究》,载《法学研究》2006 年第 2 期。

[108]康均心:《特定渎职犯罪的前案研究》,载《甘肃政法学院学报》2012 年第 1 期。

[109]李保唐:《认定徇私舞弊不移交刑事案件犯罪若干问题研究》,载《中国刑事法杂志》2003 年第 1 期。

[110]李峰:《渎职罪因果关系新论》,载《社科纵横》2014 年第 11 期。

[111]李三宝、田凯等:《渎职犯罪主体研究》,载《国家检察官学院学报》2002 年第 5 期。

[112]李卫红、单天水:《论严格责任的严格程度》,载《法学评论》2005 年第 5 期。

[113]李文生:《关于渎职罪徇私问题的探讨》,载《中国刑事法杂志》2002 年第 4 期。

[114]李希慧、贾济东:《关于"国家机关工作人员"的本质论》,载《中南大学学报》2003 年第 3 期。

[115]李希慧、徐光华:《滥用职权罪量刑畸轻及其改进对策》,载《人民检察》2010 年第 5 期。

[116]李希慧:《论刑法的文理解释方法》,载《国家检察官学院学报》1995年第1期。

[117]李忠诚:《渎职罪的犯罪主体》,载《河南社会科学》2010年第3期。

[118]李忠诚:《渎职罪损害后果认定问题研究》,载《中国刑事法杂志》2013年第1期。

[119]黄曙:《"以自首论"的司法认定》,载《中国刑事法杂志》2000年第2期。

[120]高铭暄、陈璐:《当代我国职务犯罪的惩治与预防》,载《法学杂志》2011年第2期。

[121]高铭暄:《关于中国刑法学犯罪构成理论的思考》,载《法学》2010年第2期。

[122]周光权:《渎职罪疑难问题研究》,载《人民检察》2011年第19期。

[123]周光权:《客观归责方法论的中国实践》,载《法学家》2013年第6期。

[124]周光权:《客观归责理论的方法论意义》,载《中外法学》2012年第2期。

[125]刘仁文:《刑法中"国家工作人员"概念的立法演变》,载《河南大学学报》(社会科学版)2010年第6期。

[126]刘仁文:《刑法中的严格资任研究》,载《比较法研究》2001年第1期。

[127]刘雪梅、刘丁炳:《监管渎职犯罪的主体问题研究》,载《中国刑事法杂志》2013年第9期。

[128]刘艳红:《罪名辩定标准略论》,载《法学家》2000年第4期。

[129]刘宇萍:《罪数判断的犯罪构成标准研究——以犯罪构成的法定性为出发点》,载《暨南大学学报》(哲学社会科学版)2010年第3期。

[130]柳忠卫、党圆圆:《渎职罪主体解析》,载《云南大学学报法学版》2006年第1期。

[131]卢有学:《论并存罪过》,载《法律科学》(西北政法大学学报)2015 年第 1 期。

[132]宋长春:《论渎职罪主体的界定》,载《人民检察》2000 年第 11 期。

[133]高铭暄、陈冉:《论利用影响力受贿罪司法认定中的几个问题》,载《法学杂志》2012 年第 3 期。

[134]王飞跃:《交易型受贿研究》,载《法学评论》2010 年第 4 期。

[135]罗猛、章文巍:《"以借为名"新型受贿案件认定》,载《中国检察官》2010 年第 6 期。

[136]储槐植、闫雨:《利用影响力受贿罪适用中的几个疑难问题》,载《江苏警官学院学报》2012 年第 1 期。

[137]雷安军:《利用影响力受贿罪若干问题研究——兼谈刑事判例制度》,载《湖北社会科学》2010 年第 2 期。

[138]苏彩霞:《刑法解释方法的位阶与运用》,载《中国法学》2008 年第 5 期。

[139]张金明:《单位出具证明材料的证据形式探讨》,载《南京农业大学学报》2007 年第 3 期。

[140]胡林龙:《论学术不端行为的责任》,载《法律科学》2015 年第 5 期。

[141]窦靖伟:《论学术不端行为的法律规制》,载《河南财经政法大学学报》2012 年第 3 期。

[142]李钢:《学术不端行为法律规制的范围》,载《上海政法学院学报》(法治论丛)2014 年第 4 期。

[143]董兴佩:《学术不端行为惩戒立法论纲》,载《山东科技大学学报》(社会科学版)2007 年第 5 期。

[144]熊秋红:《美国非法证据排除规制的实践及对我国的启示》,载《政法论坛》2015 年第 3 期。

[145]张吉喜:《论以审判为中心的诉讼制度》,载《法律科学》(西北政法大学学报)2015年第3期。

[146]陈瑞华:《程序性裁判中的证据规则》,载《法学家》2011年第3期。

[147]汪海燕:《论刑事庭审实质化》,载《中国社会科学》2015年第2期。

[148]闵春雷:《非法证据排除规制适用问题研究》,载《吉林大学社会科学学报》2014年第2期。

[149]陈光中:《证据裁判原则若干问题之探讨》,载《中共浙江省委党校校报》2014年第6期。

(二)论文集文章

[150]《全国刑法硕士论文荟萃(1978~1988届)》,中国人民公安大学出版社1989年版。

[151]祝铭山:《试论自首成立的要件和对自首罪犯的从宽处理》,载《刑法论文集》,法律出版社1998年版。

[152]席卫东:《自首和立功制度探微》,载《刑法实施中的重点难点问题研究》,法律出版社1998年版。

(三)学位论文

[153]包健:《渎职罪研究》,华东政法大学2008年博士学位论文。

[154]高星:《监管过失犯罪研究——以食品监管渎职罪为视角》,大连海事大学2013年博士学位论文。

[155]刘丁炳:《监督管理过失犯罪研究》,武汉大学2008年博士学位论文。

[156]童伟华:《犯罪客体研究》,武汉大学2004年博士学位论文。

[157]王丽琼:《赵某受贿案的案例分析》,兰州大学2010年硕士学位论文。

[158]刘婷婷:《利用影响力受贿罪若干问题研究》,华东政法大学2010年硕士学位论文。

[159]梁亮:《〈联合国反腐败公约〉与我国相关刑事立法研究》,大连海事大学2006年硕士学位论文。

[160]赵春午:《论受贿罪犯罪对象的立法缺陷及其完善》,吉林大学2005年硕士学位论文。

[161]张军:《受贿罪共同犯罪若干问题研究》,吉林大学2004年硕士学位论文。

[162]王俊:《研究生学术不端认定问题研究》,广州大学2012年硕士学位论文。

[163]何惠予:《高校学术不端行为的治理对策研究》,华南理工大学2012年硕士学位论文。

[164]陈恺思:《高校学术不端行为治理研究》,广西大学2013年硕士学位论文。

[165]朱燕:《美国大学生学术不端的防治研究》,北京大学2008年博士学位论文。

[166]夏晓丽:《法治视野下的高校学生学术不端认定研究》,安徽大学2014年硕士学位论文。

[167]郭志媛:《刑事证据可采性研究》,中国政法大学2003年博士学位论文。

[168]张涛:《侦查假设与决策理论》,西南政法大学2012年硕士学位论文。

后　记

科学研究是探求反映自然、社会、思维等客观规律的活动。这是做前人没有做过的事，发现前人没有发现的规律，探索新领域、新知识的活动。从这一意义上说，创新是科学研究的生命。没有创新的学术活动，是难有太多价值和意义的。

个人以为，创新至少包括观点创新和方法创新两个方面。前者提出了新的规律、新的论断；后者提出了新的论证模式、新的论证路径。无论何种创新，都开创了该研究领域的先河，都具有一定探索性和新颖性。大多数创新，过程都是极其艰辛的。

经过诸多努力，本书即将出版。拿着沉甸甸的书稿，回忆自己十余年来的学术研究道路，感慨万千。曾记得，2004 年，一篇万字左右的学士学位论文，令我绞尽脑汁、迷茫许久。2006 年，3 万字左右的硕士学位论文，令我焦急万分、寝食难安。然而，2010 年，当我准备博士论文的时候，原计划 15 万字的论文，最终写了 30 万字，仍觉得意犹未尽。学术活动过程中，我明白了一个道理：只有平时充分积累，站在巨人的肩膀上，才能站得高、看得远，才能有更多创新的机会和可能。

学术研究活动，是非常艰苦的。艰难的创新过程，离不开师友的鼓励和支持。在此我要特别感谢我的博士生导师，北京师范大学的李希慧教授和我的硕士生导师，中南财经政法大学的夏勇教授对我的悉心培养；感谢河南省法学会魏然博士、刘晓娜女士，西北政法大学徐文星博士，河北省石家庄市裕华区人民检察院贾晓蕾女士，广州海关缉私局陈莉女士，上海市浦东新区人民检察院成月华女士，河南国基律师事务所常务副主任童靖律师为本书的研究提供了大量信息和资料；特别感谢我所在的单位，华北水利水电大学的诸位领导对我研究工作的支持！

我还要感谢法律出版社领导对本书的偏爱；特别要感谢蒋橙编辑，为本书出版做了大量工作，并对她一丝不苟的敬业精神和严谨的工作态度表示由衷敬意！

另外，我还要感谢我的家人。记得在我出版的第一部独著作品——《刑罚进化研究》后记中，曾经特别感谢了我的爱女——被我起名为“龙颜悦”的小天使。她的降生，为我的学术研究增添了无穷动力。今天，龙颜悦小朋友已经是一年级小学生了。而我的爱子，被我起名为“龙裔舜”的小朋友，现在已经一岁七个月了。两个活泼可爱、对世界充满好奇的“小精灵”，为我的工作和生活增添了无穷乐趣。我的妻子寇松娜博士，是我学术研究的重要参谋和助手，同时还承担了大部分家务劳动以及照顾两个“小精灵”的重任。本书的出版，也凝聚着她的诸多心血。温馨、有爱的四口之家，是我幸福的源泉、奋斗的动力！

感恩过去，憧憬未来。伴随国家法治化水平的不断提升，有理由相信，我们的国家将更加繁荣昌盛，我们的社会将更加平安祥和，我们的每一位公民也将过得越来越好！

是为后记。

龙腾云

2018 年 7 月 4 日

写于华北水利水电大学乐贤园

图书在版编目(CIP)数据

刑事法治若干问题研究 / 龙腾云著. -- 北京 : 法律出版社, 2018
ISBN 978 - 7 - 5197 - 2775 - 8

Ⅰ. ①刑… Ⅱ. ①龙… Ⅲ. ①刑法 - 研究 - 中国 Ⅳ. ①D924.04

中国版本图书馆 CIP 数据核字(2018)第 233656 号

刑事法治若干问题研究
XINGSHI FAZHI RUOGAN WENTI YANJIU

龙腾云 著

策划编辑 蒋 橙
责任编辑 蒋 橙
装帧设计 鲍龙卉

出版 法律出版社
总发行 中国法律图书有限公司
经销 新华书店
印刷 北京虎彩文化传播有限公司
责任校对 马 丽
责任印制 吕亚莉

编辑统筹 法律应用 · 大众出版第二分社
开本 720 毫米 × 960 毫米 1/16
印张 12.75
字数 165 千
版本 2018 年 11 月第 1 版
印次 2018 年 11 月第 1 次印刷

法律出版社/北京市丰台区莲花池西里 7 号(100073)
网址/www.lawpress.com.cn
投稿邮箱/info@lawpress.com.cn
举报维权邮箱/jbwq@lawpress.com.cn
销售热线/010 - 83938336
咨询电话/010 - 63939796

中国法律图书有限公司/北京市丰台区莲花池西里 7 号(100073)
全国各地中法图分、子公司销售电话:
统一销售客服/400 - 660 - 6393
第一法律书店/010 - 83938334/8335
西安分公司/029 - 85330678
重庆分公司/023 - 67453036
上海分公司/021 - 62071639/1636
深圳分公司/0755 - 83072995

书号:ISBN 978 - 7 - 5197 - 2775 - 8
定价:45.00 元